GEORGES DUBOIS

STATUAIRE ET MAITRE D'ARMES

LE POINT D'HONNEUR

ET

LE DUEL

DISPOSITIONS SPÉCIALES D'APRÈS-GUERRE

RÈGLEMENTS MODERNES

ET

OPINIONS AUTORISÉES DU XVI° SIÈCLE A NOS JOURS

PARIS

ALBIN MICHEL, Éditeur

22, rue Huyghens, **22**

Georges **DUBOIS**

STATUAIRE ET MAITRE D'ARMES

LE POINT D'HONNEUR

ET

LE DUEL

DISPOSITIONS SPÉCIALES D'APRÈS-GUERRE

RÈGLEMENTS MODERNES

ET

OPINIONS AUTORISÉES DU XVIᵉ SIÈCLE A NOS JOURS

PARIS

ALBIN MICHEL, ÉDITEUR

22, rue Huyghens, 22

IL A ÉTÉ TIRÉ DE CET OUVRAGE

10 EXEMPLAIRES

SUR PAPIER VERGÉ PUR FIL

DES PAPETERIES LAFUMA

NUMÉROTÉS A LA PRESSE

DE 1 A 10

EXEMPLAIRE No

Le vrai est que l'homme est très difficile à connaître et que pour ne pas se tromper, il ne faut le juger que sur ses actions; et encore faudrait-il que ce fût sur celles du moment, et seulement pour ce moment...

NAPOLÉON.

(Mémorial de Sainte-Hélène.)

A LA MÉMOIRE

DES HOMMES DE TOUTES RACES

TOMBÉS

POUR LA DÉFENSE DE L'HONNEUR

ET DU DROIT

SOURCES DES CITATIONS CONTENUES
DANS CET OUVRAGE

ALMBERT (d'). *Physiologie du Duel*, 1867.
ANDRÉ (Émile). *Trucs du Duel*, vers 1908.
ANGELO. *L'École des Armes*, 1763.
BASNAGE. *Dissertation sur les duels*, 1720.
BATAILLARD. *Du Duel*, 1829.
BEAUFORT (de). *Recueil Tribunal des maréchaux*, 1784.
BEAUVOIR (Roger de). *Duels et duellistes*, 1864.
BIBESCO (de) et FERY D'ESCLANDS. *Conseils pour les Duels*, 1900.
BRANTÔME. *Discours sur les duels* (fin XVI°).
BREITTMAYER (Georges). *Code de l'Honneur et du Duel*, 1912
BRILLAT DE SAVARIN. *Essais*, 1819.
BRUNEAU DE LABORIE. *Lois du Duel*, 1906.
CHAMPDEVAUX (de). *L'Honneur*, 1752.
CHATAUVILLARD (de). *Code de Duel*, 1836.
COLOMBEY. *Histoire anecdotique du Duel* (vers 1860).
CONGRÈS CONTRE DE DUEL. Budapest, 1908.
« CONTRE DE QUARTE ». *Code de duel*, 1897.
DANET. *Réfutation*, 1766.
DARESSY (Henri). *Archives des maîtres d'armes*, 1888.
DEMEUSE. *Traité de l'Art des Armes*, 1778.
EMBRY. *L'Escrime et le Duel*, 1856.
FRANKLIN (Alfred). *Le coup de Jarnac*, 1909.
GIRARD. *Traité des Armes*, 1736.
GRISIER. *Les Armes et le Duel*, 1847.
HUGUES (d'). *Sur le Duel*, 1905.
LABAT. *L'Art en fait d'Armes*, 1690.
LA BOESSIÈRE. *Traité de l'Art des Armes*, 1818.
LAS CASES (de). *Mémorial de Sainte-Hélène*, 1816.
LAFAUGÈRE. *L'Esprit de l'Escrime*, 1841.

Letainturier-Fradin. Divers ouvrages, 1897, etc.

Lhomandie. *La Xiphonomie*, 1840.

Liancour. *Le Maître d'armes*, 1692.

Mabre Cramoisy. *Recueil d'Edits*, 1679.

Mendez. *Essai sur le Duel*, 1851.

Moskowa (Prince de La). *Revue des Deux Mondes*, 1845.

Murena. *Traité des violences*, 1769.

Nougarède de Fayet. *Du Duel*, 1838.

Pinet. *Le duel en jurisprudence*, 1829.

Prévost et Jollivet. *L'Escrime et le Duel*, 1891.

Rouzier-Dorcières (Eugène). « *Sur le Pré* », 1908.

Saint-Didier (Henry de). *Traité d'Epée*, 1573.

Salaville (J.-B.). *Essai sur le Duel*, 1819.

Tavernier. *L'Art du Duel*, 1884.

Thibault d'Anvers. *Académie de l'Espee*, 1628.

Vallée. *Le Duel*, 1877.

Verger de Saint-Thomas (du). *Code de duel*, 1887.

Vidal de Saint-Urbain. *Discours sur le Duel*, 1892.

Vigeant. *Duels de Maîtres d'Armes*, 1884.

LE POINT D'HONNEUR

ET

LE DUEL

BUT DE L'OUVRAGE

Cette étude, son titre l'indique, s'adresse exclusivement aux hommes que leur rang social ou leur profession exposent à l'éventualité d'une « affaire d'honneur ».

Dans un raccourci que je me suis efforcé de rendre à la fois suffisant et clair, j'expose ce que fut le Duel, depuis son origine jusqu'à nos jours.

Je cite l'essentiel des règlements, édits royaux, arrêts, ordonnances, déclarations ou toutes pièces relatives aux affaires d'honneur suivies ou non, de rencontres. A l'appui de mes citations, j'indique le nom des auteurs, le titre et la page de l'ouvrage où elles sont puisées, pour en faciliter le contrôle aux témoins qu'un louable scrupule de conscience ferait hésiter à prendre une détermination.

On trouvera dans cette étude des arguments à opposer à des hommes sans conscience, qui par bas orgueil, légèreté ou intérêt pécuniaire, osent organiser des duels, sans souci du trouble qu'ils jettent dans la quiétude des familles et ne considérant que la satisfaction de leur vanité ou de leurs intérêts personnels, trompent sans pudeur l'honnête homme qui, sur la foi d'une adroite publicité, a l'imprudence de leur confier son honneur et sa joie de vivre.

Le ridicule de la majorité des duels d'avant-guerre et la tristesse de ces comédies n'ont échappé à personne. Les hommes qui y furent engagés sont sur leurs gardes, mais nombreux sont ceux qui, plus que jamais, sont exposés à tomber dans les filets de ces exploiteurs de l'Honneur et de la Dignité.

La Paix, après les souffrances de la guerre, va déchaîner de légitimes appétits. Des chocs d'opinions vont se produire. Des injures, des violences seront échangées.

Le duelliste éventuel doit envisager les conséquences de la résolution qu'il va prendre. Il s'expose à être blessé, ce qui n'est rien. Mais il peut tuer ou être tué.

Enfin, il court le risque d'être simplement ridicule.

Cette attitude fut trop souvent adoptée par les duellistes de ces dernières années.

N'est-ce pas le moment d'étudier avec sang-froid ce que fut le « *Point d'Honneur* » en France, depuis des siècles et de ne se résoudre à cet acte grave, le Duel, qu'après un examen profond du Droit et du Devoir.

Cet essai, pas plus que tous les ouvrages sur les usages du duel, ne doit être considéré comme un code.

Il n'y a qu'un code légal en France, et ses articles sont appliqués par des magistrats officiels.

Le Duel n'est que toléré. Ne pas s'y soumettre n'infirme en rien l'honorabilité d'un citoyen français.

C'est une solution à la fois élégante et violente adoptée, encore aujourd'hui, par une catégorie de citoyens français. L'examen le plus superficiel de cette solution, démontre qu'elle ne prouve rien et que la satisfaction qu'on en retire est complètement étrangère à tous les devoirs dont, au contraire, elle expose et compromet l'accomplissement, puisque le Duel est une sorte de quasi tentative de suicide.

J'ai d'autant plus qualité pour fournir cet argument, que j'ai moi-même sacrifié à cette coutume barbare, dit-on, et que je suis prêt à y sacrifier encore. Ceci pour les duellistes éventuels qui verraient en moi un adversaire déclaré du duel.

Loin de là, mais le duel n'est pas, ne doit pas être une plaisanterie, encore moins un guet-apens. Cet esprit m'a toujours guidé dans les négociations où je fus mêlé comme arbitre ou comme témoin; delà le grand nombre de duels que j'ai fait avorter, tout en faisant triompher la cause juste.

Aucun code de Duel ne fait autorité indiscutable. Ils bénéficient seulement de leur actualité et de leur lancement intéressé. Tous, quels qu'ils soient, ne doivent être considérés que comme des recueils d'idées où puisent des témoins à court d'arguments, mais, en aucun cas, ils ne peuvent être imposés. La présente étude n'a, par conséquent, d'autre importance et je suis sceptique sur l'accueil qui lui est réservé par mes confrères, en vertu de cette règle qu'un maître du XVIIIe siècle, le célèbre Danet, a si bien formulée :

« *On ne doit ni se confier ni se soumettre à*
« *ses rivaux pour être jugé, parce que dans*
« *les Arts, la rivalité ne se montre jamais équi-*
« *table.* »

Par cet Essai, j'ai voulu seulement me rendre utile, puissé-je y réussir et ainsi que l'écrivait, en 1628, Thibault d'Anvers : *Ce qui me fait espérer et croire, que l'invention en sera louée de touts ceux qui ont le cœur libre de cest infâme désir de calomnier les ouvrages d'autruy, sans tascher de mettre eux-mesmes en avant choses meilleures.*

G. D.

„ EN HATE "

Le lecteur qui, pressé d'être renseigné sur ce qui constitue le règlement des « *affaires d'honneur* » et cela, parce qu'il est soudain mêlé à l'un de ces désagréables incidents, trouvera, page 77 dans la Deuxième partie, un *REGLEMENT RELATIF AUX AFFAIRES D'HONNEUR*.

Tout ce qui précède ce règlement n'est qu'une série d'études le justifiant. En outre, dans ces pages, le lecteur examinera la solution de questions particulières, dont à priori, l'étude lui semblerait inutile. A la table des matières, chacun des chapitres traitant de ces questions a sa pagination.

Les Pensées et Opinions sont classées par ordre chronologique. Voir également à la table des matières pour leur pagination.

Le Règlement des négociations et rencontres est en quelque sorte le résumé de tout ce que je développe et discute dans la Première Partie.

Je me suis forcément répété, tout en abrégeant, puisque, à la rigueur, ce règlement se suffit à lui-même.

Je le livre à l'appréciation du témoin éventuel, car, pas plus que ceux des autres auteurs portant les titres de Codes, de Lois, il ne peut être imposé.

Les ouvrages codifiant le Duel sont plus ou moins estimés, mais aucun n'est officiel, au sens *légal* du mot, car je ne le répéterai jamais trop, le duel est *illégal*.

En conséquence, ce règlement, comme mon livre tout entier, n'a d'autre prétention justifiée que d'être un aide, un recueil d'arguments qui n'ont pas plus de valeur que ceux de mes confrères dont, on le verra, les opinions sont divisées. Toutefois, s'il n'a pas plus de valeur, le témoin éventuel peut être convaincu qu'il en a tout autant.

Le règlement relatif aux rencontres proprement dites (le duel) peut être adopté les yeux fermés, c'est celui que j'ai appliqué, sans soulever d'objections, dans les nombreux duels que j'ai été appelé à diriger.

PREMIÈRE PARTIE

TRÊVE DE TRENTE JOURS

« Saint Louis imposa aux duellistes une trêve
« de quarante jours dite « Trêve de Dieu ».

PRÉPARATION D'UN MOIS EXIGIBLE EN FAVEUR
D'UN CLIENT N'AYANT JAMAIS APPRIS L'ES-
CRIME OU D'UN NOVICE AYANT POUR ADVER-
SAIRE UN ESCRIMEUR NOTOIRE.

Si le duel moderne est souvent une comédie écœurante par son ridicule, il peut être
également un guet-apens froidement organisé par
un individu, de complicité avec deux de ses
acolytes habituels.

J'EN AI VU TROP D'EXEMPLES.

Heureusement, la rencontre se termina chaque fois, par une blessure sans gravité, mais
le contraire se fût-il produit, le jury de la Cour

d'assises eût été en présence d'un vulgaire assassinat.

Il n'est pas impossible d'entraver cette forme élégante du banditisme.

Je soumets donc à tous les escrimeurs et particulièrement à la bienveillante équité des témoins, la proposition suivante :

Quand ils seront les mandataires d'un homme auquel son ignorance de l'escrime constitue une infériorité flagrante ou ayant comme adversaire un escrimeur quasi-professionnel, ils devront entamer les pourparlers par cette déclaration aux témoins adverses :

« — Messieurs, avant tout examen des faits,
« nous tenons à vous déclarer que dans le cas
« où une rencontre serait, d'un commun acc...
« déclarée inévitable, nous ne souscrirons à cette
« rencontre qu'à la condition formelle qu'elle
« sera remise à un mois de date. Pendant ce
« temps, notre client prendra les leçons indis-
« pensables pour sa défense, car il ignore tout
« de l'escrime. Si votre client est dans la même
« ignorance, ce délai ne pourra que lui être
« utile pour les mêmes raisons. S'il est fort aux
« armes, il ne pourra que perfectionner sa con-
« dition.

« Dans les deux cas, notre proposition ne lé-
« sant l'intérêt d'aucune des parties et mettant
« votre responsabilité morale et civile à l'abri,

« tout autant que la nôtre, en cas d'accident
« grave, nous n'aborderons la discussion des
« griefs respectifs que sous cette condition ex-
« presse stipulée par procès-verbal immédiat. ».

Un mois de préparation ne peut suffire évidemment à former un escrimeur bien redou-
table, mais ce temps, utilement employé avec
un professeur d'escrime sachant bien son métier, (au point de vue duel) met un homme
courageux dans la possibilité d'offrir une ré-
sistance sérieuse à n'importe quel homme d'é-
pée.

Les témoins qui adopteront cette proposition
s'éviteront d'être les organisateurs de combats
burlesques, quand les adversaires sont également ignorants, et, ce qui est autrement important, ils mettront l'escrimeur sans conscience dans
l'impossibilité de triompher lâchement d'un adversaire qu'il a d'autant mieux outragé qu'il
le savait dans l'impossibilité de se défendre.

Il convient d'ajouter qu'à notre époque, où
pour bien des individus *LE DUEL EST UNE
FORME DE PUBLICITÉ*, la remise du combat à un mois la rendrait inefficace ; le public

ayant, bien avant ce délai, oublié l'incident qui aurait provoqué cette rencontre tardive.

Le manque d'intérêt de cette banale comédie contribuerait certainement à la rendre plus rare.

*
* *

Cette proposition me conduit à répéter que nous ne portons plus l'épée au côté — privilège de l'ancienne noblesse, — et que si, dans l'éducation de cette noblesse, l'escrime passait avant toute chose, de nos jours, elle n'est plus qu'accessoire, même chez les descendants de cette vieille noblesse, dont beaucoup sont des lettrés ou des artistes et non des ferrailleurs, mettant flamberge au vent sous le moindre prétexte — les Edits, encore qu'inefficaces, avaient leur raison d'être.

Que la noble tradition du Duel soit respectée, soit, mais *respectée* et non *galvaudée*.

Beaucoup, parmi ceux qui ont adopté une carrière libérale n'ont pas le goût de l'escrime. En cas de conflit, ils sont désemparés et cependant, par dignité et beaucoup par condescendance envers ce qu'ils croient, à tort, être une obligation sociale et surtout mondaine, ils se laissent traîner, dans les deux jours, sur un terrain de combat, par des « *spécialistes* » auxquels ils ont eu le tort d'accorder leur confiance et ces hommes, sinon célèbres, du moins toujours notoires, exposent leur vie ou se rendent ridicules, après avoir plongé dans des transes mortelles leur famille et leurs intimes.

Le délai d'un mois exigé *avant tout examen de l'affaire* par les témoins, atténuera notablement l'infériorité de ces victimes du « beau geste » et fera réfléchir les « ténors » et « ténorinos » de tournois ou de salles d'Armes, en rendant leur vilaine besogne plus laborieuse.

*
* *

On m'objectera que les codes (?) de duel sont unanimes à déclarer qu'une affaire d'honneur doit être réglée dans les quarante-huit heures. A cela, je répondrai que tous les jours sont étudiées et votées par nos députés des lois nouvelles, utiles à la collectivité, pourquoi les témoins (députés des intéressés) ne feraient-ils pas adopter non une *loi* puisque nos livres ne sont pas des *CODES*, mais un usage issu de sentiments d'humanité et d'équité ?

Cet usage serait imposé par l'article suivant :

« *Sur le désir exprimé par l'une des parties,* « *une rencontre pourra toujours être remise à* « *un mois, quelles que soient la gravité du con-* « *flit et la qualité du demandeur* (offenseur ou « offensé).

« *Dans ce cas, quarante-huit heures avant la* « *date définitive prévue pour cette rencontre, les* « *témoins devront, au cours d'un suprême en-* « *tretien, tenter d'éviter le duel et d'obtenir pour* « *la partie offensée une réparation morale lui* « *donnant toute satisfaction.* »

Une raison primordiale milite en faveur de cette adjonction :

Le caractère de cruauté d'une offense, la douleur et l'irritation qu'elle cause, sont immédiatement subordonnés à l'état de surexcitation de celui qui l'a subie, surexcitation qui gagne généralement les témoins au cours des pourparlers et influe sur leurs décisions.

Cette surexcitation, purement physiologique, ne peut subsister trente jours.

Vue sous un autre angle, avec plus de calme, une affaire peut souvent s'arranger sans effusion de sang.

DE L'APPRÉCIATION DES INJURES ÉCRITES OU VERBALES

Quand, dans un différend, l'importance des griefs apparaît identique, les tribunaux, dans leur sagesse, renvoient les parties *dos à dos*.

Le tribunal d'exception, formé par quatre témoins, n'a pas autre chose à faire et l'arbitre qui en décide autrement, se trompe.

On doit envisager que dans une discussion verbale ou écrite, l'intention des deux adversaires est la même. Seule l'éducation et aussi l'habitude d'employer certains mots modifie le caractère des vocables insultants. Il y a lieu, pourtant, d'examiner si, parmi ces injures, l'une n'outrage pas l'honneur, la moralité ou si cette ou ces injures n'atteignent pas par ricochet une deuxième personne, parente ou amie.

Examiner les injures à la loupe, en leur donnant, par exemple, le sens latin du mot, ainsi que je l'ai vu au cours de pourparlers, est un procédé retors. Ce procédé peut d'ailleurs se retourner avantageusement dans le cas suivant, autre exemple :

« Vous êtes un homme ignoble, je ne discu-
« terai pas plus longtemps avec vous. »

Cette phrase, proférée de nos jours, apparaît comme un indiscutable et sanglant outrage.

— Du tout, vous affirmera le témoin latiniste, mon client a voulu simplement dire : vous êtes sans noblesse, c'est-à-dire un roturier. Avec justice, ce témoin pourra exciper des édits royaux où le cas est spécifié. (Voir de Beaufort 1784).

Or, de nos jours, être roturier n'ayant rien d'infamant, l'injure n'en est plus une. Etc. Etc...

MORALITE : Le mieux, à mon sens, est de décider que :

« Vu la *réciprocité des injures*, les témoins, « tout en souhaitant la réconciliation des par- « ties, décident que la qualité d'offensé appar- « tiendra à celui des adversaires qui, par la « suite, aura subi, *sans y répondre*, le premier « outrage, quelle que soit sa gravité. »

Dans un échange d'injures, il y a lieu de déterminer celles qui atteignent l'amour-propre ou l'honneur. La qualité d'offensé revient à celui dont l'honneur a été outragé.

Un échange d'outrages orduriers ne constitue pas, à mon sens, un conflit digne d'arrêter l'attention.

L'ENVOI DU CARTEL

De nos jours, quand un homme se juge offensé, si l'incident n'a pas comporté un immédiat échange de cartes, il charge *deux de ses
amis* (les témoins) de se rendre au domicile
de l'offenseur et de prier ce dernier de les
mettre en rapport *avec deux de ses amis*
(futurs témoins), en donnant le motif de cette
prière. Sans plus. Les témoins ne doivent pas
entrer en discussion, ni même en conversation,
avec lui, sous aucun prétexte. Ils restent de-
bout, c'est-à-dire dans l'attitude de personnages qui ne sont pas disposés à bavarder et
n'ont qu'une brève réponse à obtenir.

Souvent, l'offenseur est pris de court. Il ne
s'attendait pas à cette démarche ou, plus exactement, l'attendait-il, ses témoins ne sont pas
constitués.

Dans ce cas, le plus courtoisement du monde,
les témoins de l'offensé doivent indiquer chez
lequel de l'un d'eux, les témoins de l'offenseur
devront signifier leur mandat et proposer une
première entrevue. Cette première partie de leur
mission accomplie, ils doivent se retirer.

A partir de cette entrée en matière, même si

les témoins de l'offenseur ne sont pas désignés, sous aucun prétexte l'offensé ne doit faire allusion à son affaire publiquement, dans des termes blessants pour son adversaire. Encore moins lui écrire au cours des délibérations des témoins. En un mot, il doit se considérer comme un plaideur absent, qui a confié sa cause à un avocat. S'il n'observe pas ce silence vis-à-vis de son adversaire, les pourparlers peuvent être rompus de droit.

C'est là une règle adoptée avec justice, sans laquelle bon nombre de témoins seraient compromis par leurs clients.

Il arrive cependant qu'au cours des pourparlers entre témoins, l'offenseur aggrave sa première offense par des propos publics ou une lettre violente écrite à son adversaire.

Si les quatre témoins le jugent à propos, les pourparlers continuent entre eux, et ces nouveaux griefs, s'ajoutant au premier, la tâche des témoins de l'offensé s'en trouve facilitée, ils obtiennent plus aisément la réparation à laquelle a droit leur client. — J'écris *réparation* et non *rencontre*, ne nous y trompons pas.

*_**

A propos d'envoi de témoins, ai-je besoin d'ajouter que l'homme qui en offense un autre n'a pas qualité pour lui adresser des témoins.

J'ai rencontré encore assez souvent des hommes qui, dans leur irritation, me confiaient :

— X... est un drôle, je lui écrirai une lettre injurieuse ; s'il n'y répond pas, je le giflerai publiquement, je lui jetterai ma carte au visage et *lui enverrai* ensuite *mes témoins*, il sera bien obligé de se battre.

Erreur absolue :

1o X... peut très bien mépriser la lettre d'injures et il lui est loisible d'accepter les gifles si tel est son goût ;

2o Seul il a le droit de répondre à ces outrages variés par une demande de *réparation par les armes*, à moins qu'il ne préfère s'adresser aux tribunaux.

CALOMNIE, MÉDISANCE

Il y a lieu de faire une grande différence entre la Calomnie et la Médisance.

A notre époque où le mensonge et l'audace sont des facteurs de lutte, un homme qui se pousse dans la vie par ces moyens est évidemment très gêné dans ses opérations, quand il se voit démasqué.

La considération dont il jouissait indûment lui faisant soudain défaut, un duel ou le pseudo-duel de ces dernières années, précédé et soutenu par une habile publicité est un bon moyen de détourner l'attention et de jouer un rôle avantageux.

Les témoins considérant uniquement les propos échangés, ne manquent pas d'accorder la qualité « d'offensé » à l'homme ainsi atteint sous sa « *ligne de flottaison* », si j'ose dire.

Cette qualité « *d'offensé* » trouble bien des jugements et l'aventurier en bénéficie immédiatement.

Si par surcroît il blesse son adversaire, il prend figure de héros et chacun se garde bien, par la suite, de s'attaquer à pareil homme.

Cependant, le fait de démasquer un aigrefin, constitue un service rendu à la société qu'il exploite. En bonne logique, il semble qu'avant d'exiger une réparation d'honneur, un homme doit d'abord se laver d'une accusation précise qu'il prétend calomnieuse. Les témoins semblent tout désignés pour l'examen des faits allégués. Si la chose est exacte, quelque désagréable qu'elle soit à l'intéressé, on ne voit pas très bien pourquoi l'homme qui met la société en garde contre un filou ou un individu taré, doit s'exposer en outre aux dangers ou au ridicule d'un duel.

J'ai connu bon nombre d'affaires ayant cette origine.

En toute équité, le malheureux qui traîne derrière lui une tare sociale doit manœuvrer dans l'existence avec réserve, exactement comme un hernieux d'aspect athlétique s'interdit, en raison de celte tare physiologique, tout exercice de force.

Il en va tout autrement, lorsqu'il s'agit d'une pure calomnie.

Les procès-verbaux préliminaires, si l'on adoptait ce système d'examen, seraient accablants pour le calomniateur, et mettraient en lumière l'intégrité sociale de l'insulté.

Ce mensonge dénoncé, l'insulté aurait la qualité « d'offensé » et cette qualité aurait une signification. Elle lui donnerait, en outre, le droit, à défaut d'*excuses*, d'exiger une réparation par les armes.

Serait-elle nécessaire ?

Les excuses d'un calomniateur avéré ont-elles une bien grande valeur ?

Je laisse le lecteur se faire une opinion, convaincu qu'il est bien plus sage que l'impénitent partisan du duel, que je suis.

**

Il arrive, et cela est fréquent, que par correspondance ou dans les colonnes de leurs gazettes respectives (quotidiennes ou périodiques), des polémistes s'abreuvent d'injures et s'inondent mutuellement de calomnies.

Diable ! dira-t-on, voilà où l'examen devient compliqué pour les témoins.

Pourquoi ?

Est-ce bien là une affaire d'honneur ?

Des témoins honorables peuvent-ils consentir à fouiller dans cette fange, à la soupeser et à en évaluer le degré de fétidité ?

Mais non. Un témoin peut toujours résigner son mandat, pour ne pas se compromettre dans une affaire malpropre. Un duel peut vous mener très loin... jusqu'aux assises, ne l'oublions pas.

Le duel moderne n'étant que l'observance

d'une coutume des siècles passés ; des Edits royaux et des règlements l'ayant établi sur des bases conformes à l'Honneur Français, « *ne soyons pas plus royalistes que les rois* », respectons les traditions et ne les traînons pas dans l'odieux et le ridicule.

Voir au chapitre : « *Edits royaux et Règlements des Maréchaux* » ce qu'était le Duel dans la Noblesse, c'est-à-dire avant l'invention de la publicité et du cinématographe.

JURYS D'HONNEUR MODERNES

Dès que, d'un commun accord, des témoins d'opinion contraire décident d'en référer à un jury d'honneur, au lieu de se départager par la décision d'un *unique arbitre*, ils reconnaissent implicitement qu'ils sont sans compétence pour le règlement d'une affaire dite d'honneur. Alors, pourquoi ont-ils accepté le mandat de témoin ?

Un témoin est, par définition, un homme honorable, au courant des règlements des affaires d'honneur. Quatre témoins constituent, par conséquent, un jury d'honneur auquel des citoyens confient la défense de leurs intérêts les plus chers. Toujours, chaque paire de témoins est fixée sur les arguments qui doivent faire triompher leur cause, c'est précisément pour cette raison que l'arbitrage est souvent nécessaire, pour trancher certaines questions où, à tort ou à raison, les parties ne sont pas d'accord.

Mais, s'adresser à un jury d'honneur, c'est avouer son incompétence en matière d'honneur.

Dans ce cas, je le répète, pourquoi ces témoins ont-ils accepté leur mandat ; pourquoi

ne le résignent-ils pas pour laisser la place à
d'autres ?

A mon sens, un débat ne doit être porté devant un jury d'honneur que par les immédiats intéressés qui le constituent de leur plein gré, soit au choix, soit par voie de tirage au sort. Il n'est pas nécessaire pour cela de constituer préalablement des témoins inutiles et d'une incompétence avouée par la suite.

Des témoins jugeant une rencontre inévitable peuvent n'être pas au courant des usages du Duel, en ce qui concerne le combat à l'épée ou au pistolet. Ceci n'a rien à voir avec la conscience de la dignité et de l'honneur.

Dans ce cas, ils peuvent consulter ce que l'on appelle les « *Codes du Duel* ». Les plus récents sont évidemment les plus parfaits, car leurs auteurs sont tous très au courant de cette question.

Par scrupule de conscience, ils peuvent, quant à la sévérité des conditions de combat, se renseigner auprès de personnalités de l'escrime (1), au besoin les constituer en Jury, mais Jury Technique d'Escrimeurs, et non Jury d'honneur.

Un sportsman riche et distingué, éclairé, un journaliste sportif notoire ou un champion de tournoi n'ont pas plus qualité qu'un commerçant

---

(1) Maîtres ou amateurs notoires.

en soieries, un revuiste à la mode ou un caissier-comptable, pour traiter ces questions délicates. Le moment est venu de s'apercevoir que le commis de magasin décoré de la médaille militaire ou de la légion d'honneur (ils sont des milliers aujourd'hui) a le sens de l'honneur aussi développé qu'un mondain resté à l'arrière, en raison de tares physiologiques résultant d'un surmenage sur lequel je n'insisterai pas (ceux-là aussi, se comptent par milliers).

Le sergent Radoub que, dans « Quatre-vingt-treize », Victor Hugo nous montre membre d'un Conseil de guerre, s'est multiplié.

En ce qui me concerne, je serais très flatté si l'un de nos « Radoub » modernes voulait me faire l'honneur d'être mon témoin dans une affaire. Il y en a partout, des « Radoub » aujourd'hui : dans tous les villages, dans tous les ateliers où peinent les humbles. Aux premiers siècles de notre histoire, ils eussent été anoblis, comme ils s'élevèrent et furent anoblis sous le Premier Empire. Le Courage Militaire d'abord, les Arts et les Sciences ensuite, sont la source de notre honneur national. On est donc en droit d'espérer que les *spécialistes du point d'honneur* d'avant-guerre auront le bon goût et la prudence, à défaut de pudeur, de rentrer dans le rang et de renoncer à leur singulière industrie. D'ailleurs, automatiquement, la sélection s'opérera, et je suis convaincu qu'en cas de conflit entre deux écrivains ou deux polémistes, loin de s'adresser à des spécialistes démodés, ceux-là confieront leurs intérêts à de glorieux confrères ; ils n'auront que l'embarras du choix.

LE DÉMENTI

Un démenti vaut un soufflet, dit-on ?
Oui et non.

Oui, si, brutalement, au cours d'une discus·sion. et avec un parti-pris d'insolence l'un des interlocuteurs s'écrie : *Vous en avez menti.*

Evidemment, cette forme discourtoise de ma·nifester publiquement une divergence d'opinion, emprunte le caractère brutal d'une agression, disons le mot, d'un *soufflet.* Cette déclaration violente clot la discussion et l'offense indiscuta·blement voulue est grave.

Mais le fait de s'inscrire en faux contre une opinion, une déclaration ou l'interprétation quel·conque du caractère d'une personne absente, ou d'un incident faisant l'objet d'une conversation, ne constitue pas une offense égale à un soufflet. 'A cette question : *Alors, j'en ai menti?* Si l'on répond : oui, l'offense existe. Mais si, malgré la chaleur de la discussion, l'on répond avec calme : *Je ne dis pas que vous mentez, je pré-tends seulement que ma vision diffère de la vôtre et suivant moi, telle personne ou telle chose ne sont pas ce que vous avancez,* dans ce cas, il y a contradiction. Ce qui est le droit de chacun.

Bien entendu, quand une discussion prend cette allure et que l'on a fait cette réponse, le mieux est de ne pas poursuivre la conversation, car l'interlocuteur trouverait rapidement le moyen de créer le conflit qu'il recherche.

En tous cas, il faut éviter de prononcer les mots *mensonge, mentir, démenti formel*, etc., etc... et laisser l'interlocuteur s'enferrer lui-même, car, s'il est violent, il ne manquera pas de conclure par : *Alors, si je ne mens pas, c'est vous qui mentez.*

Pour nous résumer, *marquer un doute* d'une affirmation n'est pas une offense. Les jugements sont libres dès qu'ils sont courtoisement exprimés.

VOIES DE FAIT RÉCIPROQUES
ET SIMULTANÉES

Si la voie de fait prime, avec justice, toutes les insultes, sauf exception, cependant, il est des cas où deux hommes violents se jettent l'un sur l'autre au cours d'une altercation. Il faut donc distinguer.

C'est là une forme d'argumentation en vérité déplorable, mais si les deux hommes se sont jetés *simultanément* l'un sur l'autre, dans un *élan d'exaspération identique*, il y a lieu de voir dans ce regrettable incident la manifestation d'une *colère aveugle* et non l'intention d'une « offense ». *L'honneur n'est pas atteint.*

Les témoins devront avant tout s'informer des sentiments d'estime que professent l'un pour l'autre ces hommes dont la fureur a, seule, guidé les *poings.*

Si les témoins acquièrent la certitude que la « fureur » seule est à la base de l'incident, il serait ridicule et même odieux de mettre en présence, sur le terrain, deux hommes qui s'es-timent et qui se serreront la main à l'issue du combat. Pourquoi pas avant ?

Ces deux hommes énergiques et violents sont deux unités utiles à la Patrie. Leur *honneur* n'étant pas en « *jeu* », il n'y a pas lieu, à mon sens, de les exposer à se tuer ou à s'estropier. La guerre a rendu précieuses toutes les existences et précisément ces violences et ces voies de fait réciproques ont souvent leur source dans l'irritation nerveuse causée, chez de nombreux jeunes hommes, par des années de souffrances, de combats et de chagrins.

Une rédaction sincère et adroite d'un procès-verbal de réconciliation peut aisément clore ce genre d'incident, d'autant plus que les adversaires ont donné d'évidentes preuves de courage au front, bien supérieures au « courage du duelliste ».

Bien entendu, ma manière de voir, partagée, je le sais, par les adversaires du duel, n'est pas conforme à la tradition. En principe, un pugilat vous mène droit au « terrain ». Que penserait-on ? Et la galerie ? Et les spectateurs de l'incident ?

Tout de même, se bat-on pour son « *honneur* » ou pour l'approbation d'une série d'indifférents dont, généralement, les plus intransigeants en matière d'honneur sont les plus couards dès qu'ils sont eux-mêmes en danger de croiser l'épée, autrement qu'à la salle d'armes ?

Certaines insultes priment la voie de fait :

Dans la foule, un « frôleur » se livre à un
attouchement quelconque envers une femme.
Souffleté par l'homme qui accompagne cette
femme, le « frôleur » reste l'offenseur.

*
* *

L'homme qui se fait souffleter parce qu'il
outrage gravement la mère, la sœur ou l'é-
pouse de celui auquel il s'adresse, ne peut revendiquer la qualité d'offensé.

PARENTÉ

On ne se bat pas avec un parent au premier degré.

Se battre entre cousins germains doit être exceptionnel. Des témoins sérieux éviteront toujours ce drame de famille.

Combattre un beau-frère est également lamentable. Sauf le cas d'adultère ou d'insulte grave aux parents du premier degré, une rencontre dans ces conditions nous paraît inacceptable, parce que nous avons, avant toute règle, celle du respect de la quiétude familiale.

Dans des cas exceptionnellement graves et douloureux pour une famille tout entière, je ne vois pas pourquoi un père, ou réciproquement, ne serait pas le témoin de son fils, un frère de son frère. Il est des plaies qu'il faut tenir cachées, en dépit de certaines traditions.

Dès qu'il s'agit, dans la pensée des adversaires, de constituer un jury d'honneur, même après constitution de témoins et sur leur désir, si le conflit qui divise les deux hommes est d'ordre intime : j'estime que ce jury d'honneur doit être une manière de « *conseil de famille* ». La famille plus que n'importe quelle collectivité d'hommes, même très honorables, a qualité pour juger des conflits qui atteignent précisément l'honneur familial tout entier. Dans ce cas, les membres de ce jury sont choisis dans les deux familles intéressées, à nombre égal.

Les histoires d'adultère, notamment, n'ont pas besoin d'être propagées. Il en est d'autres, aussi graves.

DUELS DE PRESSE

Le signataire d'un article est responsable de ses écrits.

* * *

A défaut de signataire, les directeurs de journaux acceptent la responsabilité des articles publiés dans leur feuille.

* * *

On ne peut obliger un directeur de journal à dévoiler la source d'une information. Le respect du secret professionnel est une des plus respectables et plus hautes traditions de la Presse. Insister serait insulter un Directeur.

* * *

Il y a lieu, cependant, de distinguer. Si ces règles sont acceptables pour la Presse et pour les journalistes dignes de ce nom, elles constituent une duperie dès qu'il s'agit de certains périodiques, dont tous les échos anonymes sont autant de calomnies.

On ferait beaucoup d'honneur aux tenanciers de ces officines, en leur demandant une réparation d'honneur.

S'ils se refusent à livrer le nom de l'auteur de l'écho, le mieux est de signaler leur conduite par un procès-verbal, car il est indéniable que certains de ces directeurs font de la calomnie l'unique source de leurs revenus. La Correctionnelle est le terrain sur lequel on doit les appeler.

Certaines de ces feuilles ont aussi, quelquefois, à leur solde, un individu taré, audacieux, qui assume la responsabilité des échos et se bat. Ces gens-là sont connus. Les témoins de la partie lésée ne doivent point s'en laisser imposer. Ils doivent récuser « *l'homme d'honneur* » du journal en question et s'adresser aux tribunaux, car un duel refait une virginité sociale à ce genre d'individus et ils n'en deviennent que plus dangereux.

La Presse a ses bas-fonds. L'indignité et la bassesse de leurs exploiteurs ne rejaillissent nullement sur la respectabilité des ouvriers de lettres qui honorent le journalisme.

CRÉANCIERS ET DÉBITEURS

A moins d'offense très grave ou de voies de fait, il est prudent de ne pas entamer des négociations, à propos d'une « affaire d'honneur » entre créancier et débiteur. On ne sait jamais si la « *question d'argent* » n'est pas à la base de leur conflit et ne constitue pas le motif initial d'une rancune ou d'un dépit.

Le mieux est d'attendre que la dette soit éteinte.

Il appartient aux témoins du débiteur de solutionner la difficulté en prêtant à leur ami la somme nécessaire à lui rendre toute liberté d'action.

Le dévouement des témoins va rarement jusque là.

SUPERFÉTATION

Un duel unique doit, en principe, solutionner une affaire normale.

Dans certains cas très graves, *l'adultère*, par exemple, si l'homme bafoué se trouve mis hors de combat par un coup d'épée qui lui traverse le biceps, ou si par mégarde son adversaire s'enferre l'avant-bras, il y a lieu, selon moi, de reprendre le combat après guérison de la blessure, si l'offensé en fait la demande.

Une solution extrêmement sévère peut seule terminer des conflits de cet ordre. Il est des cas où le duel fait dériver *l'exécution* sommaire de l'offenseur, ne l'oublions pas.

J'admettrais parfaitement plusieurs combats, jusqu'à « *solution sévère* », dans certains cas. Une douleur ou un affront qui ruinent toute une vie de bonheur, demandent une réparation absolue. Il est déjà bien généreux de jouer sa vie à égalité.

Il y a lieu, cependant, d'examiner les conditions familiales des intéressés, s'ils n'ont pas d'enfants, ni l'un ni l'autre, pas d'ascendant ou de parent au premier degré à faire vivre ou protéger. Les témoins doivent toujours, *dans tous les cas*, d'ailleurs, envisager les conséquences d'un duel.

Exposer l'homme bafoué à laisser des orphelins, serait aggraver une situation déjà déplorable.

Ces genres de « combat à outrance » ne sont *tolérables* qu'entre hommes dont la disparition ne cause pas un dommage immédiat. Dans le cas précité, les témoins doivent obtenir de leur client qu'il place le Devoir au-dessus de sa douleur, quelque atroce qu'elle soit. S'il s'y refuse, ils auront fait leur devoir. Le rôle de témoin est parfois difficile.

HIÉRARCHIE

Sauf injures très graves et voies de fait, il est impossible de régler un conflit avec un supérieur hiérarchique, qui, toujours, se dérobe derrière l'autorité que lui confère sa situation et prétend que le conflit est né à l'occasion du service, qu'il soit l'offenseur ou l'offensé.

A vrai dire, les conflits de cet ordre ont presque toujours cette source et, par exemple, si un chef de service a été insulté *dehors* par un subordonné qui, à tort ou à raison, croit avoir des griefs contre lui, le supérieur hiérarchique doit, ou mépriser ces insultes ou sévir dans la mesure de ses droits et avec équité dès qu'il a repris son service.

Cependant, si le contraire se produit, si un chef de service insulte *dehors* son subordonné et qu'il s'appuie sur son rang hiérarchique et en abuse, de ce fait, il y a lieu de poursuivre et de *carencer* l'homme qui abuserait ainsi de son autorité et refuserait de rendre raison d'un outrage. Il faut mettre les supérieurs hiérarchiques à l'abri des rancunes professionnelles, mais il faut également protéger les subordonnés, contre l'impudence de certains hommes qui spéculent sur la nécessité dans laquelle sont placés ces subordonnés, de céder, de plier ou de perdre leur emploi.

LE CASIER JUDICIAIRE

En principe, quels que soient les doutes qui planent sur l'honorabilité d'un adversaire, dès que deux témoins indiscutablement connus pour la rectitude de leur vie, se font garants de son honneur, on doit accepter un cartel venant. de ce personnage douteux.

De nombreux exemples m'ont prouvé que de sinistres fripouilles, ont ainsi abusé de l'imprudence de certains hommes du monde, dont la confusion était fort grande quand, quelques jours après la rencontre — hâtivement organisée — on leur déclarait, preuves en mains :

— Votre client, messieurs, a fait trois mois de prison pour escroquerie.

****

Je crois que dans le cas où l'on a des doutes sérieux sur le client adverse, il faut apporter aux débats préliminaires, un extrait du casier judiciaire de son propre client, ce qui oblige les témoins du quidam suspect, à produire une pièce identique. S'ils s'y refusent, il n'y a qu'à rompre les pourparlers.

Bien entendu, il ne faut mettre en pratique ce procédé d'examen, qu'après mûre réflexion. Mais, en aucun cas, cette exigence ne saurait aggraver l'offense motivant la rencontre des témoins.

JURISPRUDENCE CONCERNANT LE DUEL

Car enfin il y a une jurisprudence établie, mais son interprétation est fort difficile et, sauf le cas de « félonie » dans le combat, combattants et témoins ne sont jamais condamnés.

Examinons donc succintement celle qui fut établie en 1837 sur les réquisitions de M. le procureur général Dupin, à la suite du duel Baron-Pesson, dans lequel M. Baron fut tué. (Voir la relation de l'ouvrage de M. Nougarède de Fayet, p. 167 et celle de celui de M. d'Almbert, p. 183).

A la suite de ce réquisitoire, intervint l'arrêt suivant :

« La législation sur le duel, antérieure à 1789, « laquelle était spéciale à la noblesse, a été abo- « lie par les lois de l'Assemblée Constituante.

« Dans l'état actuel de la législation, l'homi- « cide commis en duel est puni par le Code « Pénal.

« ...Il en est de même des coups et blessures.

« Et les chambres du conseil ou d'accusation « ne peuvent refuser de mettre en prévention « ou en accusation l'auteur de coups, blessu-

« res ou meurtre commis en duel, _sous prétexte
« que le duel ne constitue pas un délit, ou
« que les actes qui en ont été le résultat étaient
« excusés par la nécessité de la légitime dé-
« fense. » *(Cass. 22 juin 1837, 22 décembre 1837,
14 août 1845).*

« Cependant, un grand nombre de cours roya-
« les ont continué à suivre la première jurispru-
« dence de la Cour de Cassation et considèrent
« les blessures faites et le meurtre commis en
« duel comme ne constituant ni crime ni délit. »
*(Cour royale de Colmar, 12 juillet 1838. —
Bourges, 31 juillet 1837. — Orléans, 13 avril
1838. — Paris, 16 août 1838. — Nancy, 27
février 1839).*

Le lecteur comprendra pourquoi, de nos jours,
cette jurisprudence est tombée en désuétude,
puisque dès l'année suivante, des cours françaises n'en tenaient aucun compte.

« L'homicide, les blessures ou coups résultant
« du duel constituent des crimes ou délits ré-
« pressibles par la législation pénale ordinaire.
(Code pénal, 311, 463).

« Avis contradictoires :
« Dans l'état actuel de la législation, le duel
« ne constitue ni crime, ni délit.

« Ainsi l'a déclaré l'Assemblée nationale Cons-
« tituante, par résolution du 20 mars 1819.

« Jugé, au contraire, (par la cour de Cassation,
« 6 juillet 1819, qui depuis cette époque a per-
« sisté dans sa jurisprudence), que les blessures
« ou l'homicide commis en duel tombaient sous
« la répression de la loi pénale. »

(Noter que l'ouvrage de M. Embry, auquel
j'emprunte ces citations, pages 336 et 337, date
de 1856).

Pour nous résumer, si l'on se reporte au dernier duel tragique (Lautier-Ebelot, en 1904), là
encore, le vainqueur et les témoins furent ac-
quittés. Les choses s'étaient passées correctement, les articles 311 et 463, chers au procureur
général Dupin ne furent point appliqués.

SUBSTITUTION

Un homme peut toujours se substituer à son père, âgé ou infirme, à son frère, malade ou infirme, que ces parents soient les *Offenseurs* ou les *Offensés*.

Dans le cas d'une insulte grave à sa sœur, un frère peut se substituer à son beau-frère, si celui-ci est malade ou infirme.

Si l'on accompagne un vieillard ou un infirme et qu'ils soient insultés, on a le droit de revendiquer l'honneur de venger cet outrage, parce que l'on est atteint indirectement. Seule, en effet, la correction mondaine paralyse l'intervention immédiate.

Un mutilé de la guerre outragé, n'ayant pas de frère ou de parent, a le droit de se faire représenter par un compagnon d'armes et d'assister au combat.

Enfin, un homme abandonné de tous, incapable de se battre, pour des raisons physiques, ne saurait être dans l'obligation de subir des outrages réitérés d'un individu ou d'une collectivité.

Dans ce cas, un galant homme a le droit de prendre date et de déclarer qu'à partir de tel jour, il prend les outrages pour son compte personnel. Les insulteurs ne peuvent exciper de la surprise. Ils sont prévenus.

Même disposition pour une femme sans famille.

MINORITÉ

A moins qu'un jeune homme ne soit émancipé, mesure légale qui jette ce jeune homme dans la vie et la société, avec la charge de toutes leurs complications, j'estime que la majorité du duelliste ne peut être que la majorité légale, c'est-à-dire, vingt-et-un ans accomplis.

Je fais exception pour les militaires, ils trouvent dans leur colonel un arbitre parfait de leur honneur qui leur accorde ou ne leur accorde pas l'autorisation de se battre en duel.

Ceci pour les insultes légères.

Mais, si l'on insulte le père âgé ou infirme, la mère, la sœur ou même la famille d'un mineur de dix-huit ans accomplis, il n'y a pas de raison, devant une cause aussi noble et aussi légitime, de refuser le duel à ce jeune homme, du fait de sa minorité légale.

C'est là, dans toute sa pureté et sa gravité, une « affaire d'honneur » qu'il faut régler.

Mais, pour les conflits nés de discussions où les vocables violents s'échappent de bouches encore bien jeunes, pour les conflits nés de rivalités d'amour, etc., il ne faut, à aucun prix, faire battre des jeunes gens de dix-huit ou dix-neuf ans. Leur sang nous est précieux, leurs violences puériles et leurs enthousiasmes par trop débordants sont une source d'espoir.

Pour leur être agréable et pour ne pas les traiter en gamins, peut-être peut-on, à la rigueur, leur laisser constituer « témoins », mais sous cette condition que ceux-ci n'auront que la charge d'arbitrer leur différend et de les mettre d'accord.

On me dira que, s'il s'agit d'une femme, la chose est difficile. Evidemment, mais je riposte : la jeune personne se chargera d'arbitrer sans... témoins.

*_**

A aucun prix il ne faut arrêter une rencontre d'avance, c'est-à-dire, organiser un duel pour le jour de la majorité du mineur.

C'est là une cruauté et un manque de psychologie. Si le jeune homme tient à sa querelle, ou si son adversaire a la rancune tenace, ils sauront bien se retrouver sans le secours de témoins insipides.

Le jour de la majorité doit être un jour de fête et non un jour de deuil. Dans beaucoup de familles, il est l'occasion de la joie de tous. Que MM. les témoins respectent cette joie à l'avance et n'organisent pas un drame éventuel.

CEUX QUI ONT FAIT ET CEUX, QUI N'ONT PAS FAIT ,, LA GUERRE ''.

Il convient d'aborder franchement cette question.

Un regrettable courant d'opinion s'est formé. Il se manifeste non seulement dans les conversations, mais des publications, des interviews, ne laissent aucun doute sur son existence.

Pour certains esprits, les français se divisent en deux catégories : ceux du front et ceux de l'arrière. La distinction est faite, non sans hauteur blessante, par les premiers, aux dépens des seconds.

La première objection qui peut leur être faite est celle-ci : *la discipline militaire.* Elle suffit, d'ailleurs.

En dehors des engagés volontaires, catégorie de citoyens dont le geste fut très noble, mais, catégorie d'exception : ne sont pas partis et ne *devaient partir* que les classes désignées par le Ministre de la Guerre.

En dehors des quinquagénaires (dernière limite) qui ne furent point appelés, il y a les jeunes générations qui poussent.

Ni les premiers, ni nos jeunes gens n'ont démérité de la Patrie. Le hasard seul de leur naissance les a tenus éloignés de la fournaise.

Des conflits naîtront certainement de cet état d'esprit, particulièrement regrettable. Il appartiendra aux témoins d'en apprécier les conditions avec une extrême indulgence pour ceux qui ont peiné tant d'années.

A moins d'incident violent, toute altercation née à ce propos, ne pourra avoir de suite grave, pour cette raison très simple que le *grief n'existe pas*. Toute allusion même désagréable faite à un homme qui n'a pas été au front en raison de son âge n'a aucune valeur. C'est exactement comme si l'on reprochait à cet homme d'être *petit*. On a la taille et l'âge que le hasard vous a donnés.

La souffrance rend injuste. Beaucoup de ceux qui, pendant des années, ont risqué leur vie, savent très bien que *trop d'hommes jeunes et valides ont fui leur devoir*. Ces derniers sont la cause d'une irritation qui se traduit par cet état d'esprit, dont les hommes de l'arrière jeunes et vieux, pâtissent. Sans s'incliner devant cette attitude injuste, dans bien des cas, il convient d'un analyser les origines et de ne jamais exposer un homme qui n'a pas combattu l'Allemand, à diriger un fer homicide vers la poitrine du soldat qui a contribué à sauver la France. C'est affaire aux témoins d'éviter ce geste affreux. En ce qui me concerne, à moins d'être douloureusement outragé, je ne pourrais m'y résoudre. Et encore...

Voilà des cas où la trêve de trente jours s'impose.

Dans certains cas, cependant, la situation de *l'offensé* non mutilé devra être considérée avec une très grande attention, par exemple dans celui-ci :

Deux hommes sont au café, parmi des amis. L'un d'eux, d'apparence robuste ou simplement saine, ne porte aucune mutilation apparente. Il a fait la « guerre ». Au cours d'une discussion, il hausse le ton, et d'une voix puissante, ponctuée de gestes solides, cet homme, oubliant toute courtoisie, insulte.

A cette insulte, son interlocuteur, très calme, répond par l'offre de sa carte... Soudain, une sorte de gêne gagne tous les assistants.

L'insulteur s'est levé. Cet homme au col puissant, aux épaules larges, s'est dressé péniblement : *il a une jambe mécanique.*

Vraiment, l'insulté, si l'offense est grave, a des droits à une réparation.

L'insulteur, malgré sa terrible mutilation, peut encore tenir utilement et sans infériorité, un pistolet.

Les témoins, — et dans ces cas très pénibles,

quels témoins devra-t-on choisir ? — devront
apporter le plus grand esprit de conciliation ;
cependant, ils doivent ,considérer que si la mutilation nous impose une sorte de condescendance émue, envers ceux qui en sont effectés,
par contre, elle ne confère pas tous les droits à
ces derniers.

***

En cas de mutilation apparente, il sera toujours prudent de laisser ou faire tomber la
discussion, dès que le mutilé perdra la mesure
de ce que doit être une controverse courtoise.

LE MAITRE D'ARMES TÉMOIN

Un maître d'armes peut être témoin, même d'un de ses élèves, si ce dernier estime devoir lui confier ses intérêts.

Mais, si une rencontre est décidée, le maître d'armes doit se faire remplacer sur le terrain, car, outre que le moindre de ses gestes pourrait être une indication pour son élève ou son ami, sa seule présence pourrait leur constituer une sorte d'appui moral.

Si, cependant, les témoins de la partie adverse, confiants en son honneur et son impartialité, lui demandaient de diriger le combat, le maître d'armes devra s'abstenir de tout contact et de tout entretien avec son client entre les reprises.

Dans ce cas, il devra, au contraire, s'entretenir avec le docteur ou les témoins de la partie adverse, afin d'écarter de leur esprit toute suspicion.

***

Le maître d'armes peut toujours être le témoin d'un confrère et l'accompagner sur le terrain.

LE MAITRE D'ARMES ET LE DUEL

Un professeur d'escrime ne peut exiger l'emploi de son arme professionnelle (s'il a la qualité d'offensé) que dans un conflit avec un de ses confrères, ou un amateur de grande réputation. Dans ce dernier cas, il doit se couvrir par l'arbitrage mixte de professeurs et de notabilités de l'Escrime.

Insulté par un profane de l'escrime ou un escrimeur inférieur, je lui conseille de faire établir sa qualité d'offensé par un procès-verbal et de s'en tenir là. Il serait déplorable pour lui de renoncer à sa science de l'épée et de risquer d'être estropié ou tué d'un coup de pistolet, alors qu'il a pour lui le bon droit et l'estime publique.

DUEL AU FLEURET ET FLEURET CONTRE ÉPÉE

Les règlements de combat subissent de légères modifications suivant les convictions (respectables) et les préférences des auteurs.

Depuis quelques années, les armes adoptées pour le duel sont l'épée, le sabre et le pistolet.

En ce qui concerne l'épée, à l'exclusion du fleuret, cela tient à la lamentable influence de certains maîtres qui, pour des raisons qu'il serait fastidieux de développer ici, ont à peu près prohibé de leur enseignement l'escrime au fleuret.

Ce livre est écrit pour les duellistes éventuels en général, et non pour les amateurs d'escrime en particulier. Restons donc sur le terrain Duel.

En 1900, MM. le prince Bibesco et le duc Fery d'Esclands ont publié un code qu'ils ont fait approuver par les plus hautes notoriétés des Arts, de la Littérature, du Journalisme et de l'Escrime.

Ce code récent admet le fleuret comme arme de duel.

En 1918, M. Breittmayer l'admet également dans son code.

Rien d'anormal à ce que je l'admette également.

Mais je vais plus loin :

A la condition que le fleuret soit monté avec la coquille réglementaire de 135 millimètres, — en aluminium si l'on veut obtenir le maximum de légèreté — j'admettrais parfaitement *entre escrimeurs entraînés*, — j'écris entre *escrimeurs entraînés* — un combat *épée* contre *fleuret*. Je m'explique :

Il est bien entendu que l'équité commande aux témoins d'équilibrer autant que possible les chances des deux adversaires, ceci établi :

Qu'on me permette de citer deux escrimeurs de grande réputation pour rendre ma démonstration plus tangible.

M. Louis Chevilliard, dont on a dit qu'il était le « *prince des fleurettistes* » doit croiser le fer avec le maître Albert Ayat *champion d'épée*.

Pourquoi imposerait-on à M. Louis Chevilliard d'amoindrir ses chances devant un adversaire de la classe de M. Albert Ayat ?

En quoi M. Albert Ayat, dont la science d'escrimeur est absolue, serait-il gêné par le fleuret de son adversaire opposé à sa rigide lame d'épée ?

Les coquilles ayant le même diamètre, la protection qu'elles assurent, la *dérivation* qu'elles provoquent étant identiques, ces deux brillants représentants de l'Ecole Française auraient tous leurs moyens, en employant leur arme favorite.

Ce que M. Chevilliard gagnerait en légèreté serait compensé par l'autorité de M. Ayat, dont les parades pourraient être prises de plus loin, du *faible de l'épée*, alors que son adversaire ne pourrait utilement parer que du *talon*.

Quant au caractère des blessures, il serait identique, car, pour l'une comme pour l'autre de leurs lames, la plaie qu'elles font se referme. Seul, le sabre, avec son taillant, laisse la plaie béante.

Pour nous résumer, j'estime que ce combat est non seulement admissible, mais parfaitement logique, car il ne prive pas le « fleurettiste » des moyens acquis légitimement par un consciencieux et artistique travail. Lui imposer l'épée, c'est le mettre d'emblée en infériorité.

La plus élémentaire équité s'impose. Or, l'équité doit servir de base dans les Règlements de combat.

AMBIDEXTRES

Dans le cas où l'un des duellistes éventuels serait ambidextre, et que son intention soit de changer l'arme de main au cours du combat, *mais seulement d'une reprise à l'autre et jamais pendant la durée d'une reprise — s'y opposer formellement* — ses témoins devront en aviser les témoins de l'adversaire et même consigner cette particularité dans le procès-verbal préliminaire. Ne pas se conformer à cet avis serait s'exposer à des discussions très graves sur le terrain.

Bien entendu, l'ambidextre blessé gravement au bras qui tenait l'arme au début de l'action peut, dans certains cas, continuer le combat en changeant l'arme de main.

Cependant, des témoins ne pouvant refuser cet emploi légitime des deux mains à l'homme qui y puise ou peut y puiser une manière utile de combattre et de ce fait améliorer sa chance de vaincre, ont le droit de décider que si l'ambidextre est blessé grièvement à l'un des deux bras, le combat prendra fin.

En effet, dans un cas identique de blessure, son adversaire, non ambidextre, serait *hors de combat*, c'est-à-dire vaincu.

Il ne me paraît pas équitable que l'un des adversaires *ait deux chances de vaincre* et l'autre *une seule.*

Sauf dans des cas *très graves* où l'ambidextre serait l'offensé, il doit, à mon avis, se plier à la règle ci-dessus, sa science et son habileté particulières lui constituant déjà, — légitimement, je le répète, — un avantage.

Deux ambidextres peuvent admettre le principe du duel continué après blessure grave reçue dans l'un des bras et le mettant hors d'action, parce que leurs chances sont réciproques au début du combat.

L'EMPLOI DE LA MAIN NON ARMÉE POUR ÉCARTER L'ÉPÉE DE L'ADVERSAIRE

Sous aucun prétexte, sous aucune forme, l'on ne doit admettre l'emploi de la main non armée.

La nature a prévu une telle variété de mouvements dans l'articulation du poignet que, même parerait-on avec le dos de la main, une simple *extension* de la main sur le poignet, *voulue* ou indépendante de la volonté, formerait un *angle* qui, pendant une seconde, *maintiendrait* l'épée adverse. Or, cette seconde employée à fournir la riposte, c'est la mort. La mort dans ce cas, serait un *assassinat*. Et cependant, de la meilleure foi du monde, les témoins du duel, officiels et autres, confirmés au besoin par la *photographie du geste*, déclareraient que l'épée écartée avec le *dos* de la main, n'a pu être *tenue*. Tenue, non, mais *maintenue*, oui, ce qui est la même chose.

Dès qu'un duelliste semble tenté de saisir l'arme adverse et jette sa main en avant, d'instinct, il faut lui faire porter la main derrière le dos et saisir la ceinture de son pantalon.

S'il ne peut la maintenir dans cette position, pour une cause quelconque, il faut lui attacher le poignet, avec un mouchoir, à la patte de ceinture de son pantalon.

C'est fort gênant, j'en conviens, mais le duel est un acte solennel, ses adeptes ont le devoir d'éviter toutes les possibilités d'infraction ou d'incorrection, préjudiciables à l'honneur et à la vie.

EXCUSES SUR LE TERRAIN

1º On a toujours le droit de se repentir ;

2º Il ne faut jamais laisser perdre à un lâche l'occasion de manifester publiquement et officiellement la bassesse de son âme.

Pour ces deux raisons, je pense que, même en arriverait-on jusqu'à la mise en garde, l'offensé peut accepter sur le terrain les excuses de l'homme qui l'a insulté.

Sauf, cependant, dans le cas d'insultes au père, à la mère, à l'épouse ou à la sœur de *l'offensé* ou de voies de fait.

En effet, si les témoins n'ont pu obtenir de l'offenseur des « excuses » dont la forme pouvait réparer l'injure, au gré de l'offensé, il est clair que l'offenseur veut échapper à la correction méritée : il a peur.

Si, sur le refus de ses excuses, il renonce au combat, les quatre témoins doivent le carencer avec des considérants définissant la lâcheté de sa conduite.

DUELS EXCEPTIONNELS

L'épée, le sabre, le fleuret, le pistolet et le révolver, employés suivant les règlements normaux, les miens ou ceux d'autres auteurs, suffisent parfaitement à régler les affaires les plus graves, jusqu'à « *mort d'homme* » inclusivement. Il n'y a donc pas lieu de se plier aux fantaisies de duellistes qui, au cas d'une catastrophe, peuvent non seulement causer des remords aux témoins, mais les compromettre devant la Loi.

Peut-être peut-on *exceptionnellement* accepter la baïonnette, admise par M. Breittmayer dans son code de 1918.

La baïonnette est l'arme de tous les soldats, les officiers eux-mêmes l'ont pratiquée à Saint-Cyr. Or, tout le monde étant soldat, c'est donc l'arme du citoyen français.

Toutefois, je considère cette arme comme devant être employée uniquement dans les duels *exceptionnels*, conduits par des hommes *exceptionnellement* habiles à intervenir de leur personne, car la direction d'un duel semblable me parait très difficile.

Or, le rôle des témoins étant avant tout de faire *triompher la bonne cause*, s'ils sont obligés d'en arriver à cette extrémité, le duel ; à partir de ce moment leurs efforts doivent tendre à le rendre sérieux, soit, mais non *exceptionnellement* tragique.

Assez de tragédies, nous en sortons.

Précisément, la guerre ayant causé de « *rares* » blessures, pour parler comme Flaubert dans Salammbô, un duel *exceptionnel* peut être combiné en faveur de l'*offensé gravement* que ses mutilations mettraient hors d'état de tenir utilement, même un pistolet.

Il serait possible d'imaginer des exemples, mais nous n'écrivons pas pour le « Grand Guignol ». Un duel dans ces conditions serait tellement effroyable et navrant, qu'il vaut mieux espérer que jamais un grand mutilé de la guerre ne sera outragé, ni exposé à être le héros d'un duel exceptionnel. Le respect leur est dû. La plus grande indulgence doit être acquise à leurs sautes d'humeur, même violentes.

DEUXIÈME PARTIE

RÈGLEMENT RELATIF
AUX AFFAIRES D'HONNEUR

Examen de l'affaire.

Avant de constituer témoins, il faut toujours étudier si vraiment votre honneur ou celui de votre adversaire sont engagés. Dès l'instant que l'on qualifie un incident *d'affaire d'honneur*, il faut que l'honneur soit lésé et non l'amour-propre. Devant la multiplicité des affaires que j'ai connues ou auxquelles j'ai été initié personnellement (1) j'ai fini par penser qu'il y aurait lieu de créer le vocable « affaires d'amour-propre » car la majorité ne lèse que ce sentiment.

S'il en est ainsi, ne constituez jamais témoins, que vous soyez l'*insulté* ou l'*insulteur*.

Si après avoir plaisanté un quidam avec esprit, ce monsieur vous adresse des témoins,

---

(1) Plus de trois cents.

refusez de constituer les vôtres en leur adressant sous pli recommandé un mot dont la forme peut varier, mais dont le fond ne s'écartera pas de ce qui suit :

Messieurs,

« N'ayant jamais songé à atteindre M. X. dans « son honneur, je me refuse à donner à l'in- « cident qui motive votre visite, l'allure d'une « affaire « dite d'honneur ». J'ai des devoirs plus « pressants à remplir que de donner des suites « à une plaisanterie mal digérée.

« Agréez, etc. »

Et il ne faut pas sortir de là.

Si le monsieur tient à son affaire, il viendra vous insulter gravement ou tenter de vous gifler. Là, vous aviserez. Le cas est assez rare. S'il n'ose, il dira que vous avez peur. Laissez dire. Cela vaut mieux que de révolutionner votre mère, votre femme, et tout homme, dans la vie, a l'occasion de donner des preuves de courage autrement sérieuses.

Si cependant il y a *voies de fait* ou si des *calomnies* atteignent votre moralité, celle des vôtres, ou mettent en doute votre probité, il y a là l'occasion de constituer témoins et vous devez accueillir ceux de l'homme que vous auriez ainsi atteint dans son honneur.

DU CHOIX DES TÉMOINS

Il faut en principe s'écarter de ceux qui vous jettent à la face des offres irréfléchies. C'est une mission très grave qu'il ne faut accepter ou confier qu'à des hommes énergiques, mais très prudents dès qu'il s'agit des intérêts d'autrui.

S'il est nécessaire, dans le cas d'une rencontre, d'en confier la direction à un homme compétent, maître d'armes ou escrimeur notoire, il est à mon sens très mauvais, avant une rencontre toujours éventuelle, de confier ses intérêts à un monsieur qui fait presque profession d'être témoin. Celui-là voit l'honneur en duelliste ; il ne s'attarde pas à de vaines discussions, il exige des excuses ou une rencontre.

C'est bientôt dit.

Il faut au contraire prendre des témoins d'âge différent et qu'en principe l'un d'eux soit un vieil ami de votre famille, lui ayant donné depuis longtemps des preuves d'affection. Mieux que tout autre, et surtout qu'un « professionnel » qui ne vous connaissait pas la veille, il trouvera, dans son affection et dans sa vieille expérience, les arguments qui aplaniront les difficultés. Un homme de cette mentalité, dans chaque camp, peut trouver la phrase, le mot qui, sans donner pleine satisfaction à son mandant, arrangeront les choses et empêcheront le duel.

Il est surtout logique, sinon indispensable, de choisir ses témoins dans sa classe, dans sa profession même, ils sont plus à même que tous autres de discuter vos intérêts et de concevoir l'honneur à votre point de vue.

L'honneur est devenu, depuis nombre d'années, le patrimoine de certains personnages que rien, à première vue, ne semble désigner plus spécialement.

L'honneur est dans les plis de notre drapeau, dans le cœur des officiers qui ont consacré toute leur vie à le faire respecter et qui ont accepté la tâche souvent difficile d'instruire et d'entraîner nos soldats.

L'honneur est entre les mains de nos magistrats, de nos savants, de nos commerçants, de nos artistes, de nos inventeurs et aussi de tous les artisans, et non pas dans celles de quelques personnages encombrants qui, froidement, s'en déclarent les arbitres. A quel titre ?

Je crois que, dans le cas où des témoins ne seraient pas d'accord quant à la décision préliminaire, ils doivent choisir parmi ceux que j'ai cités plus haut, dont toute la vie de labeur et de probité affirme l'honneur, un arbitre et le prier de se faire juge de la ou des questions litigieuses et conclure par cette question définitive :

— *L'un de nos mandants a-t-il attenté à l'honneur de l'autre? Lequel est l'offenseur?*

Si cet homme d'honneur indiscutable prononce un verdict, il n'y a plus qu'à s'incliner, car j'estime son opinion supérieure à celle de ces personnages dont je parlais plus haut, quelle que soit leur notoriété factice.

DEVOIRS DES TÉMOINS

Les tribunaux civils, c'est-à-dire la justice des hommes, absolvent certains crimes, quand, après une instruction minutieuse, ils constatent que la victime s'était attirée un juste châtiment.

Ces acquittements sont l'exception.

Egalement exceptionnel doit être le duel, puisqu'il expose l'homme qui en appelle à cette juridiction, à devenir un meurtrier.

C'est donc à la dernière extrémité et dans le cas d'un outrage sanglant, qu'aucun arrêt ou déclaration des quatre témoins, (formant implicitement un jury d'honneur), ne peuvent réparer, que ces juges mandatés et librement choisis par les adversaires, doivent se résoudre à déclarer une rencontre inévitable.

Avant de se résoudre à cette extrémité, les témoins doivent, s'ils ne peuvent pas aboutir à une réconciliation des adversaires, tenter l'impossible pour donner satisfaction à l'offensé, par la rédaction d'un procès-verbal où, à défaut d'excuses, auxquelles ne veut jamais se résoudre la partie coupable, ils lui infligent un blâme collectif.

Une déplorable tradition veut que par une fausse interprétation de leur devoir, les témoins de l'offenseur s'obstinent à soutenir contre toute logique et toute équité, la mauvaise cause qui leur est confiée. C'est avilir le rôle de témoin. Sa mission serait beaucoup plus belle, s'il employait ses efforts à rendre justice à la bonne cause, tout en défendant avec opiniâtreté la cause de son mandant.

En dehors d'outrages extrêmement graves, n'ayant d'autre but que d'obliger celui qui les subit à exiger une rencontre, la plupart des conflits, nés de l'emportement ou de la passion apportés dans une discussion, pourraient être solutionnés par un procès-verbal qui, tout en donnant satisfaction à l'offensé, rallierait tous les suffrages, sans attenter à la dignité de l'offenseur.

En voici un type :

« Après examen des faits qui ont provoqué
« entre MM. A. et B. un échange de cartes, les
« quatre témoins soussignés accordent à M. A.
« la qualité d'offensé. Ils blâment collectivement
« l'attitude de M. B. tout en reconnaissant, ce-
« pendant, que la chaleur de la discussion a
« seule pu lui faire prononcer des paroles indis-
« cutablement offensantes pour M. A.

« Les mandataires de M. B. ayant fait le ser-
« ment que leur client n'a jamais songé à at-
« teindre M. A. dans son honneur, par cet excès

« de vivacité, les témoins de M. A. faisant état
« de cette déclaration importante, ont estimé qu'il
« n'y avait pas lieu d'envenimer le caractère
« de l'incident.

« En conséquence, les quatre témoins émet-
« tent le vœu qu'il ne se reproduira pas et dé-
« clarent l'incident clos.

Fait double à...

Signatures.

Ce procès-verbal, qui fera bondir d'indigna-
tion les gens qui placent le siège des réparations
d'honneur entre le peignet et le coude — car
c'est uniquement là que se touchent les duellistes — est cependant extrêmement logique.

Lorsque, par exemple, deux hommes discu-
tant politique s'animent et que l'un d'eux, à
bout d'arguments, se donne la brutale et fugi-
tive satisfaction d'invectiver son interlocuteur,
on comprendrait que s'ils portaient chacun une
épée au côté, ils se jetassent l'un sur l'autre.
Jamais, au moins dans ce cas si fréquent, l'insulteur ne prétend mettre en doute l'HONNEUR
de l'insulté, il n'y songe même pas.

Or, pourquoi agiter si gravement cette question, et provoquer la rencontre en exigeant des
excuses écrites, réfléchies, hors de proportion
avec un outrage souvent *irréfléchi* et *verbal*.

Le lendemain, l'insulteur est navré de l'aventure et n'en subit les suites qu'à contre-cœur et pour la *galerie*.

Et quelle galerie, le plus souvent ?

Il appartient donc aux témoins de protéger *contre eux-mêmes* les hommes violents. Le procès-verbal dont je donne un type aura toujours les suffrages de la *galerie*... dont on s'occupe le moins. Je parle des gens intelligents et sérieux, ayant un sentiment exact de la dignité humaine.

J'avoue que la chose est impossible quand une haine profonde et réciproque anime deux individus. Dans ce cas, le mieux est d'en finir et d'autoriser la rencontre, en lui imposant des conditions d'une extrême sévérité.

Le duel doit être exceptionnel et grave. Très souvent, dans un café, au cours d'une discussion, deux hommes échangent des propos désobligeants. L'un d'eux dépassant la mesure insulte son interlocuteur.

L'outrage est public, les deux hommes échangent leurs cartes.

Voyons la suite.

RENCONTRE DES TÉMOINS

Les témoins constitués, peu d'accord — situation classique — sur la forme de la réparation à accorder à l'insulté, sont sur le point de décider la rencontre.

Intervient alors l'un des vieux témoins, « vieil ami de la famille » :

— Messieurs, suggère-t-il, je crois et mon vieil adversaire (là il se tourne vers l'autre témoin, son contemporain), le croit sans doute également, qu'avec une réciproque pression sur nos clients, nous pourrons éviter et les excuses et le duel. Faisons un peu traîner les choses, *fatiguons le brochet* avant de le sortir de l'eau, sans cela, notre ligne va casser. Moi, témoin de l'insulteur, je l'amènerai à faire le premier geste de réconciliation ; Monsieur, témoin de l'insulté, le préparera au pardon, et, si nous pouvons gagner du temps et laisser ces jeunes gens songer à leurs devoirs respectifs (tous deux sont quelquefois mariés) si, d'autre part, nous les obligeons à reconnaître qu'ils sont tous les deux des hommes intègres, dont l'honneur n'est pas atteint, bah ! dans quarante-huit heures, nous scellerons la réconciliation.

En effet, si l'on fait traîner les choses, trois jours après, les témoins signeront probablement le procès-verbal suivant :

« Au cours d'une discussion, M. A. ayant pro-
« noncé des paroles désobligeantes pour M. B.,
« celui-ci a prié MM. C. et D. de lui en deman-
« der réparation.

« M. A., de son côté, a chargé MM. E. et F.
« de ses intérêts. A la suite de plusieurs entre-
« vues, les quatre témoins ayant pu s'assurer
« que l'honneur de M. B. n'était pas en cause,
« que d'autre part, tout le premier, M. A. 're-
« connaissant sa vivacité offre de tendre la main
« à Monsieur B., cette solution acceptable par
« deux hommes également honorés et estimables
« ayant été agréée par M. B. les 4 témoins ont
« mis en présence les deux adversaires qui se
« sont réconciliés.

« Fait double à... etc... le... »

Evidemment ce sont des mots, mais il suffisent à contenter l'entourage, dont la bonne moitié conclut : *Après tout, ils ont bien fait, on
ne peut pas se tuer pour un mot.*

Les puristes épluchent le procès-verbal si on le leur montre. Les mots *regrets* ou *excuses* n'y sont pas. Quelques jours après, on n'en parle plus et grâce *à des mots* et surtout au *temps* consacré à *user* la colère, on a évité que deux hommes se battent.

Un dîner joyeux consolide cette solution.

Il y aurait évidemment une ombre à cette joie, pour certains témoins de ma connaissance... *Les journaux ne citeraient pas leur nom.* Evidemment.

Dans cet ordre d'idées on peut également classer les incidents « graves sans contredit » basés sur un mot désobligeant, une calomnie ou même une médisance atteignant une femme.

Il apparaît immédiatement que rien ne peut éviter une rencontre entre le bavard (souvent un inconscient imprudent) et le père, le mari, le fiancé ou le frère qui relèvent l'insulte.

Il faut cependant réfléchir qu'en exigeant le duel, on met l'insulteur en très belle posture. S'il est blessé, même légèrement, on ne manque pas de dire :

— *Tout de même, il n'a pas fait d'excuses, il a préféré se battre et maintenir ce qu'il avait dit, c'est peut-être vrai, etc...*

Voilà donc une femme qui porte le faix d'une calomnie sans espoir de s'en laver.

Combien il est plus logique, dans ce cas, de faire observer aux témoins du calomniateur qu'une lettre ainsi conçue par ce dernier pourrait être apportée aux débats :

« Messieurs,

« Je tiens à exprimer tous mes regrets pour
« les paroles désobligeantes (1) que j'ai pu pro-
« noncer à l'égard de Mme X., à l'honorabilité
« de laquelle je rends hommage ; toutefois, je
« me tiens à la disposition de M. X., ne vou-
« lant pas qu'il interprête une loyale déclara-
« tion pour une reculade. Agréez, etc... »

Voilà une lettre qui donne toute satisfaction à Mme X. et qui ruine dans l'œuf tous les petits poulins qui n'auraient pas manqué d'éclore. D'autre part, M. X., qui ne provoquait le bavard qu'à cause de ses paroles n'a plus vraiment raison d'exiger un duel, d'autant plus qu'on se met loyalement à sa disposition.

La besogne devient alors facile aux témoins sérieux qui, avant tout, doivent sauvegarder l'honneur des intéressés, et considérer le duel comme une dernière et pénible solution, solution qui ne prouve rien, sinon quelquefois le

(1) Il ne faut jamais dire ni écrire des *calomnies*, cela aggrave inutilement l'affaire.

contraire de ce que l'on voulait établir. Exemple : le cas que nous venons de citer. Le duel, si l'on était certain de tuer son homme, ce qui n'est pas facile, heureusement, serait une effroyable satisfaction et la vengeance absolue d'une insulte grave, mais notre duel moderne, ramené aux résultats enfantins que l'on connaît, ne signifie rien du tout

Précisément, dans le cas que nous venons de citer, que viendraient signifier trois centimètres de fer dans l'avant-bras, punissant un monsieur qui a traîné la réputation d'une honnête femme dans la boue ?

Ce qu'il importe d'établir, au contraire, c'est l'honorabilité de cette femme.

A ce propos, n'était la douloureuse publicité que l'on donne aux débats, les poursuites devant les tribunaux donnent des résultats autrement probants.

C'est pourquoi, devant l'entêtement de certains individus qui persistent dans leur mauvaise action, les témoins de la partie lésée doivent exiger des conditions très graves. Le pistolet d'abord, plusieurs balles quelquefois. L'épée ensuite.

On nous accordera que de telles solutions sont à éviter, et quand il est établi par les quatre témoins, après examen des faits, que les propos tenus sont de *pures calomnies*, les témoins du calomniateur peuvent toujours se refuser à soutenir une cause indigne et rendre leur mandat, pour ne pas se rendre complices d'un meurtre, succédant à un outrage immérité. J'ajoute que leur devoir est de s'associer aux témoins de l'insulté et de flétrir leur client, par un procès-verbal qui clot l'incident. Devant cette menace, le calomniateur, se sentant seul, abandonné, se décide à écrire la lettre que nous indiquons plus haut. Un homme ne se diminue pas en faisant des excuses à une femme.

A notre sens, il n'y a qu'un cas où le duel est inévitable, c'est celui où un homme est non seulement gravement insulté, mais frappé.

Si l'insulteur ne fait pas des excuses, le duel est à peu près inévitable.

La diplomatie des témoins qui veulent éviter ce duel à tout prix consiste à faire trainer les choses, et les témoins de l'insulteur doivent employer ce temps à faire tous leurs efforts pour obtenir que leur client fasse des excuses.

J'avoue qu'il y a des cas où cela est impossible, car certains individus méritent tout à la fois d'être démasqués et giflés. Il est vrai que ce genre de personnages ne ment pas à sa ré-

putation : il n'envoie pas de témoins, il s'a-
dresse aux tribunaux et se fait monnayer l'outrage qu'il a subi. Il y a des lâches dans tous
les mondes, il ne faut pas l'oublier.

LA QUESTION D'ARBITRAGE

Il faut éviter de nommer deux arbitres pour régler un différend, quand les quatre témoins ne sont pas d'accord.

Il est évident que chaque arbitre reprend pour son compte les arguments qui divisaient les quatre témoins. Ceux-là avouent donc implicitement leur impuissance à discuter. Si cela est, ils n'ont qu'à résigner leur mandat.

A leur tour, les deux arbitres en choisissent un troisième et c'est là un tour de passe-passe classique : l'une des parties est toujours jouée.

Il faut que les témoins s'entendent sur le choix d'un unique arbitre, auquel ils soumettent leurs arguments, leurs prétentions, et cet arbitre les départage.

Jusqu'à ces dernières années, l'on procédait ainsi, mais soudain, l'honneur s'est compliqué à un tel point que les comparses de ce genre de petites comédies se sont multipliés.

EXCEPTION DE MILIEU

Des codes de duel ont été imprimés coup sur coup. Ils n'ont, *au point de vue légal*, AUCUNE VALEUR. Ils doivent être considérés comme l'opinion d'hommes bien élevés, qui se sont occupés spécialement de la question, et qui doit, par conséquent, être prise en considération. Le fait que ces codes sont adoptés par des collectivités sportives, n'implique pas qu'ils doivent s'imposer à la population tout entière d'un Etat. Ils sont inutilement compliqués, recèlent des erreurs, exemple celle-ci que j'ai relevée dans un code consciencieusement écrit. (1) Il s'agit de *l'exception de milieu.* Traduction libre : *on ne se bat pas avec tout le monde.*

Son auteur précise :

« Il est des conditions artificielles de la vie,
« dont le propre est de développer outre me-
« sure la sensibilité nerveuse, au lieu qu'une
« règle d'existence plus rapprochée de la na-
« ture tend, au contraire, à diminuer celle-ci ;
« le travail de l'esprit, comme aussi l'abus des
« plaisirs, peuvent engendrer, etc...

(1) *Les lois du duel* de M. Bruneau de Laborie.

« Ceux qu'il affecte, lorsqu'on vient à les rapprocher excessivement d'individualités plus
frustes et moins susceptibles... etc... »

Exemple : Un cultivateur ou un menuisier
ne doivent pas être aussi susceptibles qu'un
homme du monde... usé par les plaisirs ?

Nous pensons qu'à une époque où tous les
citoyens sont électeurs et éligibles ; où souvent
les fils de ce cultivateur ou de ce menuisier,
font des études et d'avocats deviennent, par
exemple, députés (le cas est fréquent) cette exception de milieu basée sur la *sensibilité nerveuse* d'une race ou d'une caste supérieure
est discutable.

J'ajouterai que très souvent ce cultivateur ou
ce menuisier sont officiers de réserve, alors
que beaucoup de mondains « ultra nerveux »
sont restés soldats de deuxième classe, leurs
inférieurs, par conséquent.

Il n'y a pas, à mon sens, *d'exception de milieu* entre honnêtes gens. Si l'on ajoute à cela
que beaucoup d'ouvriers font partie de sociétés
d'Escrime, qu'ils tirent tout aussi bien que les
escrimeurs plus favorisés par la fortune ou d'un
rang social plus flatteur ; j'estime qu'en cas
de conflit entre un ouvrier et un homme du
monde, ce dernier peut, sans déchoir, échanger son bristol gravé, contre la modeste carte

typographiée de l'homme du peuple, non seulement il le peut, mais il le doit. Nous ne sommes plus à l'époque où l'on bâtonnait les vilains.

Les *vilains* d'aujourd'hui ont été par milliers décorés de la médaille militaire et de la Légion d'honneur. Ils ont été promus officiers sur le champ de bataille. Au moyen âge, ils eussent été créés barons. Ils ont fait la Marne, la Champagne, Verdun, ils ont sauvé la France, alors que beaucoup de mondains *à sensibilité nerveuse* ont été la honte de la Noblesse Française qui, héroïque comme toujours a versé son sang, pendant que ces *ultra nerveux* se dérobaient à leur devoir.

Donc, on peut consulter les codes d'honneur ou de duel, mais il faut surtout s'en remettre à la logique et à une bienveillante philosophie pour la plupart des conflits, que la *diversité des incidents* et la psychologie spéciale des adversaires compliquent à l'infini.

LA DISQUALIFICATION

Les hommes d'honneur (une nouvelle carrière) n'hésitent pas à disqualifier un homme qui se soustrait à leurs soi-disant préceptes d'honneur, car il est à remarquer que les *hommes d'honneur* ne se constituent jamais en jury pour honorer un homme, mais seulement pour tâcher à le déshonorer. C'est une atteinte à la considération d'un citoyen, toujours préjudiciable à ses intérêts. Seuls, les tribunaux ont qualité pour une mesure aussi grave. Le duel est tout au plus toléré, il ne faut pas l'oublier.

L'insulteur qui refuse de constituer témoins ou de se battre est légalement dans son droit et le ridicule de la plupart des duels modernes, explique cette attitude, en dehors des considérations philosophiques et religieuses qu'il faut respecter.

PROCÈS-VERBAL DE CARENCE

Le procès-verbal de carence est un document signé par les quatre témoins, quand, lorsque la rencontre a été décidée, l'un des adversaires fait défaut et refuse d'accorder la réparation par les armes décidée par ces quatre témoins.

Le procès-verbal de carence peut n'être signé que par les deux témoins de l'insulté, au cas où l'insulteur, après plusieurs démarches des deux témoins, refuse de constituer les siens.

Mais l'importance sociale du procès-verbal de carence se résume à ceci :

C'est un simple constat de la légale mais inélégante manière de voir de l'offenseur. En cas de conflit ultérieur, quelque grave que soit l'offense dont il est victime, il n'a plus qualité pour exiger une réparation par les armes. C'est une sorte de mise à l'index d'un monde spéci l, qui préfère (c'est son droit) aller *sur le pr* que devant les tribunaux.

Mais le duel n'étant qu'une coutume (que personnellement j'estime), le fait de ne pas s'y plier n'atteint en rien l'honneur civique d'un homme.

Le procès-verbal de carence doit être signifié par lettre recommandée à celui qui en a été l'objet.

On ne peut que s'associer à l'excellente proposition de l'auteur des « Lois du Duel », M. Bruneau de Laborie, dont j'ai critiqué plus haut l'*Exception de milieu*, qu'il préconise), qui souhaite la création d'une « *manière d'enregistrement des procès-verbaux pour être utile dans certaines affaires* » (page 150, 2me édition 1912).

Cet enregistrement est en tout cas indispensable pour les procès-verbaux de carence, car certains individus choisissent leurs adversaires suivant qu'ils sont plus ou moins dangereux ou servent mieux leur publicité.

Voici deux types de procès-verbaux de carence utilisables dans les deux cas que je cite plus haut :

1° « Les soussignés, chargés par M. X. de prier « M. Z. de constituer témoins, en raison de l'in-« cident qu'il a provoqué et, ayant, après plu-« sieurs démarches essuyé un refus formel, dres-« sent contre M. X. défaillant le présent pro-« cès-verbal de carence et le déclarent forclos.

« Signatures...... »

2° « Les soussignés déclarent que M. X. qui « devait, conformément au procès-verbal annexé, « (procès-verbal décidant la rencontre), accor-

« der une réparation par les armes à M. Z., ne
« s'est pas rendu sur le terrain pour accomplir
« ce devoir... »

Ou autre cas :

« ...ayant déclaré par la lettre ci-jointe qu'il
« se refusait à accomplir ce devoir, ont dressé
« contre lui le présent procès-verbal de carence
« et le déclarent forclos.

« Signatures.... »

Dans les deux cas, ces procès-verbaux entraînent la disqualification.

Il faut bien se garder de propager publiquement cette disqualification, parce que si l'homme
qui en est l'objet peut établir que cette publicité lui cause un dommage quelconque, il peut
prendre des témoins et intenter un procès aux
auteurs du document. Ce procès, il le gagnera.
Bien entendu, les considérants du jugement seront peu flatteurs pour lui, mais c'est là une
aventure qu'il est préférable de ne pas provoquer.

C'est pourquoi, avant de carencer un homme,
il faut réfléchir longuement aux conséquences

de cet acte et examiner s'il n'est pas préférable de le mépriser et de le couvrir de ridicule en propageant son équipée avec ironie.

Noyer un homme sous le ridicule le laisse désarmé devant les tribunaux.

UNE AFFAIRE D'HONNEUR
SE RÈGLE, DIT-ON DANS
LES QUARANTE-HUIT HEURES

Non. Cette affirmation est une spéculation démesurée des usages que nos pères ont établis, dont le sens exact est celui-ci : *On doit donner suite à une affaire d'honneur dans les quarante-huit heures*, c'est-à-dire répondre à un cartel, constituer témoins, *entamer les pourparlers*, mais la logique l'indique et les gens sérieux le comprennent, on ne doit se résoudre à l'éventualité grave d'un duel, ou carencer un homme, qu'après examen approfondi d'un incident et quand on a épuisé tous les moyens de conciliation. Nous ne le dirons jamais trop : le rôle des témoins est de sauvegarder l'honneur et les intérêts de leurs clients respectifs et non de les faire battre, ce qui met un terme à un incident, mais, malheureusement trop souvent, ne le solutionne pas en faveur du bon droit.

JURYS D'HONNEUR

Ainsi que nous l'avons étudié au début de ce livre, tant qu'un Jury d'honneur légal ne sera pas constitué par des magistrats ou des officiers supérieurs, c'est-à-dire, tant que ne sera pas créé un tribunal légal, ayant le caractère et la solennelle dignité du tribunal des maréchaux, aucun jury *composé* et *imposé* par des mondains ou sportsmen quelconques ne saurait être pris au sérieux par la Société. C'est là une parodie.

Dès que quatre témoins constitués librement par deux adversaires, entrent en délibération, ils constituent *ipso facto* un jury d'honneur et la faculté qu'ils ont de désigner un arbitre, au cas où leurs opinions seraient divisées, donne toute garantie aux intéressés. Le résultat de leurs délibérations est conforme à celui que pourrait donner celles d'un jury d'honneur quelconque.

Pourquoi tel ou tel citoyen aurait-il une conception de l'honneur inférieure à celle des jurys composés d'escrimeurs notoires. En quoi les champions de tournois et présidents de sociétés d'escrime sont-ils plus honorables que tel ou tel commerçant ou même tout simplement tel citoyen, qui accomplit tous ses devoirs. Pourquoi ne trouve-t-on jamais dans ces jurys, ni savants, ni professeurs, ni magistrats ?

SI UNE RENCONTRE EST DÉCIDÉE

Dès qu'un combat a été jugé inévitable, si l'épée a été choisie, il faut s'entourer de toutes les précautions. Le mieux est d'aller consulter un maître d'armes (1) et de le prier d'indiquer par écrit, les conditions normales du duel à l'épée. Les conditions les plus généralement adoptées, que l'on trouve, d'ailleurs, dans tous les ouvrages dits « *Codes du duel* », sont celles-ci :

---

(1) Je conseille d'aller consulter un maître d'armes, parce que lorsque des témoins sont peu au courant, non seulement des « *affaires d'honneur* », mais aussi de l'escrime, un professeur peut donner d'utiles renseignements et couvrir les témoins de son autorité professionnelle, en cas d'incident ou d'accident.

LES ARMES

1o Chaque adversaire doit apporter une paire d'épées réglementaires. Coquilles de 135 millimètres, lames de 0 m. 88. Poignée de l'arme 0 m. 22 au maximum. L'épée montée à l'italienne est autorisée, mais sans l'emploi d'aucune lanière ou martingale.

2o Le duelliste doit être vêtu d'un pantalon (sans bretelles) et n'avoir le torse protégé que par une chemise molle, ou un maillot. L'hiver on doit accepter le chandail de laine placé à même la peau.

NOTA. — Dans aucun cas, l'étoffe du caleçon ou du maillot ne peut être en soie. Cette matière qui fait glisser la pointe est prohibée.

3e On se chausse comme l'on veut.

LE TERRAIN

1º La piste de combat doit avoir 34 mètres, de façon à ce que les adversaires placés pointe à pointe, le bras tendu, aient chacun 15 mètres pour rompre.

Ce terrain doit être fermé, sans pierres, sans cailloux, sans herbe, surtout. S'il pleut, on doit avoir à proximité du sable pour étancher les flaques d'eau.

2º Ce terrain peut être rendu une fois ou plusieurs, surtout si les duellistes sont inexpérimentés.

Les conditions les plus graves consistent à replacer à 3 mètres de sa limite l'homme qui a perdu tout son terrain.

3º Le duelliste qui a perdu le terrain concédé par les témoins lors de la rédaction du procès-verbal préliminaire est *disqualifié* (1). Le combat est par conséquent arrêté.

4º Il peut arriver qu'après avoir perdu tout son terrain, un duelliste remis au milieu, prenne à son tour celui de son adversaire. Dans ce cas, on les replace tous les deux au milieu.

(1) Disqualifié comme *duelliste* mais non comme citoyen. Ne pas s'y tromper. C'est-à-dire qu'à l'avenir, il ne peut ni donner, ni exiger une réparation par les armes

Le duelliste acculé à sa limite, qui par une volte habile tourne son adversaire, doit profiter de ce mouvement précieux. On le replace à trois mètres de la limite. En aucun cas, il n'a le droit de faire passer sa limite personnelle, à l'adversaire qui vient de lui gagner 15 mètres.

LES REPRISES

La reprise de duel est généralement de 2 minutes.

Le repos est d'une durée identique.

Les reprises de 3 minutes ne peuvent être imposées qu'à des escrimeurs consommés.

Nous conseillons, dans le cas d'un duel entre duellistes inexpérimentés, de faire une première reprise d'une minute.

Le chronomètre doit être tenu par l'un des témoins.

La reprise ne peut être interrompue que par le directeur du combat. Ce directeur du combat doit être un escrimeur ayant l'expérience du duel. Si aucun des témoins ne remplit cette condition, il faut en prendre un en dehors des témoins ou s'adresser à un maître d'armes. Le médecin, constatant que son client va défaillir (cas usité chez les cardiaques) peut exiger l'interruption du combat. (1)

(1) Il faut cependant se défier de l'intervention du docteur qui, par humanité et trop souvent par excès de sensiblerie ou même parce qu'il est lié avec le blessé, abuse de son autorité et arrête le combat sur une blessure insignifiante. C'est là un subterfuge dont on abuse.

Les reprises sont illimitées, elle ne prennent fin que lorsque l'un des adversaires est blessé et ne peut continuer ou, lorsqu'il a été prévu que l'on doit s'arrêter à la première blessure.

L'ARRÊT DU COMBAT

L'arrêt du combat est subordonné aux conventions suivantes :

Première blessure.

Blessure entraînant l'incapacité de continuer le combat.

L'incapacité peut être déclarée soit par le combattant, soit par son médecin.

En aucun cas, l'homme qui a blessé son adversaire ne peut décider d'arrêter le combat. En aucun cas, non plus, il ne peut exiger qu'il continue. Seul, le blessé ou son médecin peuvent déclarer l'état d'infériorité.

Dans le cas où, malgré l'avis de son médecin, un homme blessé grièvement veut combattre quand même : si le médecin déclare ne plus accepter la responsabilité de la suite du combat, les quatre témoins doivent y mettre fin.

LES PROCÈS-VERBAUX

Un procès-verbal préliminaire doit être rédigé avant la rencontre. Les plus brefs sont les meilleurs. En voici un type :

A la suite d'un incident d'ordre privé entre MM. X et Z, une rencontre à l'épée (ou au pistolet) a été décidée. Elle aura lieu le... 19...

Fait double à...   le...   19...

Pour M. X.   Pour M. Z.

A et B.   C et D.

Après le duel, au dos de ce procès-verbal, peut être écrit celui de la rencontre.

Exemple :

Conformément au procès-verbal ci-contre, la rencontre projetée entre MM. X et Z a eu lieu aujourd'hui à (localité) à (l'heure). A la (ème) reprise, M.... a été atteint d'une blessure intéressant (tel muscle ou telle région). Sur l'avis du docteur X... les témoins ont mis fin à la rencontre. Les adversaires *se sont* ou ne *se sont pas* réconciliés.

Fait double à... le... 19...

Pour M. X.   Pour M. Z.

A et B.   C et D.

le docteur X.   le docteur X.

∞∞∞∞∞∞

LE DUEL AU PISTOLET

L'usage veut que l'on se batte au pistolet et non au révolver.

Cet usage a ceci de très précieux, que souvent l'argent manque aux combattants pour louer des pistolets. Si le prix de leur location varie entre 25 et 50 francs. Les armuriers exigent toujours le dépôt d'une somme représentant la valeur des armes. Ce dépôt oscille entre 350 et 500 francs.

Les témoins (et combien je les admire) qui auraient volontiers admis le duel au pistolet parce qu'on se rate toujours (il y a pour cela de multiples raisons) hésitent à faire battre à l'épée des hommes qui n'ont pas 500 francs, pour louer des pistolets et, en outre, ignorent tout de l'escrime, ils arrangent l'affaire.

Quant au revolver, dans « *le civil* », on ne l'admet pas ; la variété des calibres et du chargement des cartouches en est la principale raison. En outre, la facilité de se procurer des armes provoquerait la multiplicité des rencontres.

Le duel au révolver est donc défendu. (1)

(1) En cas de mort de l'un des adversaires, cette infraction aux usages admis, aurait de graves conséquences pour le survivant et les témoins lors de leur comparution en conr d'assises.

Dans l'armée, les duels d'officiers ont quelquefois lieu au revolver d'ordonnance. Ils sont très graves.

⁎

Dès que quatre témoins ont décidé que la rencontre aurait lieu au pistolet, le plus simple est d'en louer une boîte à frais communs, de prier l'armurier de charger les armes et de donner les indications pour les recharger, au cas où le duel comporterait l'échange de 4 balles, c'est-à-dire *deux balles* par adversaire. Si aucun des quatre témoins ne sait charger, il faut se faire accompagner par un employé de l'armurier, ou par une personne accoutumée au chargement de ces armes.

Dans ce cas, cette personne assume généralement la direction du combat.

Il faut toujours choisir un terrain nu, sans arbres derrière les adversaires, la ligne verticale qu'ils tracent dans l'espace permettant de régler le tir. Si l'on dispose d'un champ, il ne faut pas placer les adversaires face à face dans le sens des sillons, pour la même raison.

En un mot, il faut éviter qu'une ligne quelconque puisse aider à diriger le tir.

On place les adversaires à 25 ou 30 pas très grands, d'un mètre si l'on peut, (le plus grand des témoins doit compter les pas), après leur avoir signifié les conditions du combat.

POUR LE COMBAT

1o Tenir l'arme tout armée dirigée vers la terre, un peu en avant du pied de devant, l'homme étant placé droit, le col relevé masquant le linge et les pieds écartés de 35 à 40 centimètres au plus.

2o A la question : Etes-vous prêts ? répondre : Prêt.

3o Au commandement de Feu ! élever l'arme en visant l'adversaire, et tirer pendant la durée des commandements de 1, 2, 3.

On peut jeter le coup de pistolet sur le commandement du Feu !, mais on ne doit jamais tirer après celui de Trois.

Par conséquent, le coup peut partir en même temps que le directeur dit le mot Trois.

Le directeur doit indiquer la cadence avant le duel, pour éviter toute surprise. Il est évident que plus la cadence est rapide, moins les adversaires ont de chance de se toucher.

Le coup qui rate ou le coup non tiré sont comptés comme tirés.

Les duels au pistolet ne comportent généralement que l'échange de deux balles, *c'est-à-dire une balle par adversaire.*

***

Les duels *au visé* sont très graves et très rares. Dans le cas où l'on adopterait cette condition anormale, il ne faut pas accorder plus de dix secondes. Six, même, suffisent. Le commandement se fait ainsi :

— Etes-vous prêts ?

— Prêt ! répond chaque adversaire.

— Feu 1, 2, 3, 4, 5, 6, 7, 8, 9, 10, commande le directeur en chronométrant. Après le commandement de dix, il est interdit de tirer.

***

Dans les deux cas, duel à l'épée ou au pistolet, il faut s'assurer le concours de deux docteurs.

LES DOCTEURS

Cette question du docteur est aussi très grave. Il faut, avant de s'occuper du terrain, chose cependant très sérieuse, s'assurer le concours d'un médecin qui assistera le client dont on a assumé les intérêts.

Dans aucun cas, il ne faut se contenter d'un seul médecin pour les deux adversaires. Si ces hommes font *coup double*, à la jambe, par exemple, où une hémorragie grave peut se produire, le devoir du médecin est de s'occuper de son client, d'abord. Que devient l'autre ?

Presque toujours, ils unissent leurs efforts en faveur de l'unique blessé, mais un médecin, s'apercevant qu'on a négligé d'appeler un confrère, ou que ce confrère, par une cause fortuite n'a pu venir, a toujours le droit de déclarer qu'en cas de coup double, il n'assumera la responsabilité de la vie que d'un seul blessé. A l'avance, il doit désigner celui des deux duellistes qu'il va assister, afin qu'on ne puisse l'accuser de choisir au moment définitif.

Dans ce cas extrêmement rare, le devoir des témoins du duelliste privé de son médecin, est de s'opposer à la rencontre immédiate qui doit être remise au lendemain.

Si les duellistes, énervés, veulent passer outre, le devoir des témoins est de se retirer, ce qui rend le combat impossible.

On comprend l'importance de cette mesure, car, sans être mortellement atteint, le duelliste privé de son docteur peut, en cas de coup double, avoir une artère importante sectionnée. Faute de soins immédiats, il risque de succomber.

TROISIÈME PARTIE

PENSÉES ET OPINIONS
SUR
LE POINT D'HONNEUR ET LE DUEL
DU
XVIᵉ SIÈCLE A NOS JOURS

Par ordre chronologique, le lecteur trouvera dans cette partie de mon travail une manière de « revue d'opinions contradictoires » sur le Point d'Honneur et le Duel. Le témoin éventuel y puisera les éléments de critique ou d'approbation des règlements que je lui ai proposés.

C'est de la plus élémentaire logique, parce que lorsqu'il s'agit d'un duel, on ne saurait trop éclairer des « témoins » dignes de ce titre et de leur grave mission.

BRANTÔME (1535-1614).

Discours sur les duels.

De nombreuses éditions existent. Celle de la Librairie des Bibliophiles (1887), (Jouaust, éditeur), faite d'après l'édition hollandaise de 1722 (je possède celle de 1740, (La Haye), analogue) fut préfacée par Henry de Pène. Au cours de cette préface, le distingué littérateur commet une grave erreur qu'il convient de redresser d'autant plus qu'elle est trop répandue. Il écrit : (page IV)

« C'est tout au plus si messire Pierre de Bour-« deilles, seigneur de Brantôme, a failli s'émou-« voir à l'occasion de la mort de M. de la Cha-« taigneraye, tué de la façon dont vous savez, « par *Jarnac, le tartufe du champ clos, inven-« teur du coup perfide qui a immortalisé son « nom.* »

La famille de Jarnac n'est pas éteinte, il convient de redresser, dis-je, précisément dans un livre traitant du « point d'honneur » une erreur préjudiciable à l'honneur de son nom.

En mars 1845, le prince de la Moskowa a publié, dans la « Revue des Deux-Mondes », une magistrale étude de ce duel, en s'appuyant non sur les dires de Brantôme, *le neveu de La Chataigneraye,* et encore moins sur une légende apocryphe, mais bien sur les procès-verbaux de l'époque, conservés à la Bibliothèque du château de Saint-Germain (lieu du duel).

Plus près de nous, M. Alfred Franklin a publié, en 1909, une relation qui offre les mêmes garanties, car il a puisé sans doute ses renseignements, à la même source.

Le Coup de Jarnac fut un coup *habile,* sans

plus. Jarnac n'en fut pas l'*inventeur*, mais un maître italien, le capitaine Cazi, le lui mit en main. C'était le seul qui pût le sauver, étant donné l'armure de mailles qui protégeait les combattants jusqu'au-dessus du genou seulement *(jac et gousset)* parce que La Chataigneraye, sorte d'hercule, l'aurait broyé malgré cette défense. Or, trancher le jarret, c'était abattre l'homme. *C'est au pied que l'on attaque le chêne.* Au surplus, ceux qui douteraient de mon affirmation, trouveront la Revue des Deux-Mondes de mars 1845 à la Bibliothèque Nationale. Leur religion sera définitivement éclairée. L'étude du prince de la Moskowa comporte une quarantaine de pages.

Au hasard de conférences que j'ai faites sur l'Escrime ancienne, je n'ai jamais manqué de décrire ce duel dans tous ses détails.

D'ailleurs, Brantôme, qui reflète l'opinion de ses contemporains sur ce qu'étaient les duels au XVIe siècle, ne fut pas autrement surpris. M. Henry de Pène en paraît étonné.

Bien au contraire, l'opinion du neveu eût dû lui rendre la légende suspecte ; Brantôme déclare :

« De discourir de la forme du combat, je
« n'y touche point, car tel parler et souvenir
« m'est par trop odieux. Telle fortune de com-
« bat fut si inopinée et inespérée de plusieurs

« personnes de la France, etc... (page 63 de l'édition de La Haye 1740 et page 40 de l'édition Jouaust).

Fortune de combat inopinée et inespérée, écrit Brantôme, et non *félonie*.

D'ailleurs, pourquoi se serait-il étonné, le coup n'était pas inconnu, lui-même nous le signale encore, à propos du duel de MM. de Gersay et des Bordes, sous François II. M. des Bordes eut le jarret tranché. Bien pansé, il n'en mourut point, — n'oublions pas que La Chataigneraye arracha son pansement et mourut, vraisemblablement, épuisé par la perte de son sang — « mais il demeura estropié et boiteux toute « sa vie, ce qui fut grand dommage, ajoute Bran- « tôme, car il était des gallands de la cour et « de fort belle et riche taille. Toute la cour « en fut fort esmeue et contristée...

« M. de Guyse s'informa, voulant savoir qui « avait apporté la parole d'appel, et trouva M. « de Gersay qui, en ayant senty le vent, s'es- « toit un peu eschappé à l'escart. (page 137, édition Jouaust), (page 214 de l'édition de La Haye 1740).

Le *brassard rigide* imposé par Jarnac afin d'échapper aux prises d'un adversaire athlétique, se retrouve également dans la rencontre de M. Martinengo contre un italien, duel qui eut lieu sur le pont du Pô, en Piémont.

Citons Brantôme :

« ...chacun ayant deux dagues aux deux mains.
« Il est vray que la gauche et tout le bras en-
« tier, avecques les espaules, estoit armé d'un
« brassard ; mais ce brassard estoit tout d'une
« venue, et ne se ployait point ; ce qui ges-
« noit en contraignoit le bras et le tenait fort
« droict. » (Jouaust page 98), (1740, page 154).

*
* *

Brantôme nous a fixés sur l'ingéniosité des
combattants de son époque, ingéniosité qui ne
choquait personne, et d'autant plus légitime,
que les chances étaient réciproques, les armes
imposées par l'offensé étant identiques pour les
deux adversaires.

L'offensé d'aujourd'hui a les mêmes prérogatives. Il a le choix des armes, de l'heure et des
conditions. Ces conditions sont autres, voilà tout.

Brantôme qui fut *abbé* ne marchandait pas
son estime aux duellistes habiles, c'était un
homme d'église fort indulgent aux faiblesses
multiples de notre pauvre humanité.

SAINCT-DIDIER (Henry de).
gentilhomme provençal.

Traité d'épée (1573).

Extrait d'une élégie dédiée au Roy par Es-
tienne de la Guette :

« Par armes les grandeurs des Roys sont maintenues,
« Les honneurs deffendus, les dames soutenues,
« Par armes l'on acquiert, l'on garde liberté,
« Par armes chacun vit en repos et seurté,
« Par armes en tous lieux on voit punir le vice,
« On voit garder les loix et maintenir justice. »

D'une autre élégie composée par Pierre du fief poitevin, advocat :

« Hélas ! où est le cœur, qui n'aimast mieux mourir
« Que de voir son honneur, devant soy tant souffrir. »

MABRE CRAMOISY (Sébastien).

Recueil des Edits, déclarations, Arrets et autres pièces concernant les duels et rencontres (1679).

Monsieur de Beaufort fait allusion à ce recueil (*devenu si rare*, écrit-il, *qu'il est presque impossible de s'en procurer un exemplaire*).

Il ne contient que quelques édits, mais donne in-extenso de nombreux arrêts, notamment ceux rendus contre de Bouteville, entre autres celui qui le conduisit·à l'échafaud avec son ami des Chapelles, en date du 21 juin 1627. Dans ce recueil, aucune appréciation de l'auteur.

Le premier « arrest » du 24 avril 1624, fut rendu en raison d'une rencontre de MM. de

Bouteville, baron de Chantail et des Salles « *le
jour de Pasques* » (grave offense à l'autorité re·
ligieuse).

LABAT.

L'art en fait d'armes (1690-1696).

« La profession des armes a passé dans tous
« les siècles pour la plus noble et la plus néces-
« saire, c'est par leur appui que les lois con-
« servent leur vigueur, que les ennemis sont
  repoussés et les sujets retenus dans le respect
« qu'ils doivent à leur souverain.

« De toutes les armes, l'épée est la plus an·
« cienne, la plus honorable, la plus utile et
« celle qui, dans les belles occasions, verse plus
« de sang et acquiert plus de gloire etc...

« Elle est la plus noble, les souverains la
« portent comme un ornement à leur gran-
« deur... »

(Préface).

LIANCOUR (de).

Le Maître d'Armes (Edition de 1692).

« Ne combattons que pour les choses justes
« et même tâchons que ce ne soit qu'en se
« défendant, afin de ne pas encourir l'indigna-

« tion d'un roi qui nous donne de si grands
« exemples de sagesse et de retenue » (Préface).

BASNAGE DE BEAUVAL (Jacques).

*Dissertation historique sur ies duels
et les ordres de chevalerie.
par Mr B.* (Amsterdam 1720).

L'avertissement qui sert de chapitre préliminaire à la Dissertation que publia cet auteur,
commence par cette phrase : « On verra dans
« cette dissertation jusqu'où les hommes peu-
« vent pousser une barbare extravagance... (le
« duel). »

Barbare extravagance! Nous sommes déjà fixés sur les convictions de l'auteur. Son travail,
le titre l'indique, n'est donc plus qu'une étude
historique, qui l'a conduit à une opinion qu'il
compte, bien entendu, faire partager au lecteur. Le choix de ses arguments et citations,
que nous retrouvons chez de nombreux auteurs,
valent qu'on s'y arrête, étant donné le caractère historique de haute probité de M. Basnage.
Appartenant à l'église réformée, ainsi que son
père, il était ministre de cette église. La révocation de l'Edit de Nantes le fit émigrer en
Hollande (1685). Il y exerça son ministère. Il
resta cependant bon français et, mis en rap-

port avec Dubois, sur l'ordre du Régent (1716), il contribua par son influence à sauvegarder les intérêts de la France dans le traité qui fut signé à la Haye. En récompense de ce service, ses biens confisqués lui furent restitués. Mais, Basnage resta en Hollande. Il mourut à La Haye en 1723, à l'âge de soixante-dix ans. C'était un homme de bien. Voltaire prononça de lui cet éloge : *Il était plus propre à être ministre d'état que d'une paroisse.*

Puisons donc chez cet écrivain quelques opinions et des citations que lui-même emprunte à d'autres auteurs anciens, car, philologue distingué, Basnage compulsait les textes originaux.

Il admet volontiers, avec les vieux auteurs, que le meurtre d'Abel par Caïn fut un duel, car, dit-il (page 1) : « ils sortirent aux champs « pour se battre en duel et décider par un com- « bat singulier une querelle née dans la mai- « son paternelle, sur quelque jalousie de pré- « férence. »

On peut faire remonter aussi loin qu'on veut l'antiquité des duels, parce qu'il n'y a jamais eu de temps où les hommes n'aient aimé se battre par *vengeance ou par l'impétuosité du tempérament.* (page 4).

* * *

Si les hommes possédaient une vertu éclatante qui emportât toujours les éloges, l'estime et la vénération du Public et dont la gloire ne pût être ternie, *on s'élèverait facilement au-dessus des outrages et des attentats de ses ennemis. Mais par malheur nos vertus sont équivoques* et les hommes peu sûrs de les posséder sont obligés de *mendier les suffrages du public.* (page 8).

* * *

Il serait ridicule de contester à l'ancienne Noblesse, son rang et ses prérogatives, mais il faut avouer qu'on les outre beaucoup.... (page 15).

* * *

On va *mendier* chez les Etrangers des noms et des armes que la Patrie ne fournit pas. (page 15).

* * *

La Béraudière soutient qu'un gentilhomme n'est pas obligé de recevoir l'appel d'un roturier. Mais ce roturier riche et brave, indigné du mépris d'un gentilhomme ancien ou nouveau, soutient que le *point d'honneur* doit être égal en tous lieux et dans toutes les familles, qu'un patricien de la vieille roche vaut bien un noble de fraiche date, etc... (page 16).

***

(A l'appui d'une thèse sur l'origine des duels et de leur existence perpétuelle, en dépit du silence des historiens).

Les hommes ont toujours été faits comme ils sont, il y a eu, dans tous les siècles, des braves turbulents, impatients, sujets à se quereller, ardents à la vengeance, etc... (page 26).

***

(Basnage estime que les tournois ont rendu les duels plus fréquents) :

On n'avait, au commencement, que le dessein de s'exercer et d'apprendre à se battre comme on exerce les soldats dans les revues, c'est pourquoi les combattants prenaient des *armes courtoises*, il n'y avait point de fer au bout des lances, ni de pointe aux épées, mais cet usage était trop innocent pour durer longtemps (page 46).

La honte de la défaite faisait naître des desseins sérieux de vengeance, la colère qui échauffait les combattants, leur inspirait souvent de la haine pour leur antagoniste (page 47).

***

(Au chapitre de la Chevalerie et des Duels) :

On entrait dans le détail sur la nature des injures dont on ne peut être assez étonné...

la qualité, la quantité, la relation, l'action, la passion, la situation, le mouvement et le bien. Les mensonges et les démentis faisaient un autre sujet très ample de décision, etc... (page 81).

* * *

L'honneur ne pouvait être défini qu'avec beaucoup de peine... on comptait jusqu'à vingt définitions différentes qui étaient toutes contestées.

On peut juger avec quelle étendue on traitait ensuite la matière des duels : on avait imaginé *cinquante formules* de cartel, etc... (page 82).

* * *

Pozzo, l'un des fameux juristes de son siècle, (XVe), se distingua par des décisions... etc... (page 82).

Comme il voulait qu'on combattît avec forces égales, il demandait que celui qui était vigoureux et fort, s'affaiblît par le jeûne et l'abstinence, si celui qu'il avait appelé était faible et languissant. (page 83).

* * *

L'Eglise favorise le duel :

Le royaume d'Aragon fut mis à l'interdit par le pape Martin IV parce que Pierre d'Aragon avait manqué à se battre en duel contre Charles, roi de Sicile, comme en était convenu. Ainsi c'était un crime chez le pape de ne se battre pas, etc... (page 85).

Le pape Nicolas I appelait les duels, *un combat légitime et un conflit autorisé par les lois.* (page 85).

On devrait avoir honte de ces excès passés et voir qu'ils sont fondés sur des points d'honneur, lesquels dépendent plus de l'imagination que du bon sens et de la raison, etc... (page 87).

A propos de la tolérance de l'Eglise :

Les prêtres, les abbés et les évêques étaient soumis à la même loi... Hue, abbé de Fleury-sur-Loire, se battit contre le champion (1) d'Isembert qui soutenait que l'abbaye lui appartenait... (page 92).

Un moine nommé Anselme Besse, trésorier de l'Eglise de Laon, fut accusé d'avoir volé plusieurs pièces du trésor, et la preuve du vol était évidente, puisque l'orfèvre auquel il les avait vendues déposait contre lui ; mais il appela l'orfèvre en duel et le vainquit, parce que Dieu vengea le parjure que l'orfèvre avait commis en promettant à Anselme de ne révéler jamais le vol.

Ce « Jugement de Dieu » surprend l'honnête Basnage, il ajoute :

(1) Duellistes à gages se substituant à l'intéressé.

Ainsi Dieu jugea alors que le faux-serment d'un laïque était un crime plus digne d'un châtiment exemplaire, que le *sacrilège* d'un moine trésorier qui avait pillé l'Eglise. Mais la Providence variait quelquefois dans ses jugements, car il y avait des cas où elle punissait les ecclésiastiques. (page 93).

Il en cite un exemple considérable, d'après Pierre Danien :

Un seigneur de Bourgogne fit appeler en duel un clerc qui s'était approprié l'église de Saint-Maurits, très richement dotée. Il le vainquit.

Enfin, dit-il, il arrivait que Dieu punissait miraculeusement ceux qui s'opposaient aux duels. (page 94).

Moralité : L'Eglise a varié dans son opinion.

Autre exemple de la tolérance de l'Eglise :

On sait que Saint-Louis opposa toute sa puissance au duel. Il dut céder devant les exigences d'un prieur qui, d'après une chronique de Saint-Pierre-le-Moutier, voulait que le baillif accordât le duel pour les terres qui dépendaient du prieuré (page 101).

Basnage termine son ouvrage en donnant une réimpression des « Règlements de Philippe le Bel sur les Duels ». (pages 135 à 163).

Ces règlements soumettaient les duels éventuels à une juridiction. Ces règlements sont sans intérêt pour le « témoin » et le « duelliste » modernes.

GIRARD (P. J. F.).

Nouveau traité de la Perfection sur le fait des armes (1736).

Les armes sont aussi nobles qu'utiles, puisqu'elles sont le soutien des lois et de la justice...

...Suivez les lois équitables et ne tirez l'épée que pour son service (celui du roi), le maintien de la religion et pour la défense de votre vie ; ce sera le moyen d'être honoré de sa protection.

(Préface).

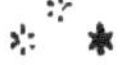

CHAMPDEVAUX (de).

L'honneur considéré en lui-même et relativement au duel, etc. (1752).

De l'Avant-Propos :

L'honneur est quelque chose de bien précieux en soi, puisque, d'un commun accord on le dit préférable à tous les biens de la vie, la vie elle-même comprise dans ces biens.

L'homme d'honneur a, comme les autres, sa

dose d'imperfections : ou l'humeur le domine
jusqu'à un certain point, ou la franchise n'est
pas assez mesurée ; si son air et son ton re-
viennent, il aura quelque chose de déplaisant
dans les manières : prudent, il est indécis ; vif,
il est prompt et doux par caractère, il est entêté
dans ses opinions ; mais ces défauts ne tou-
chant point à l'essence de la vertu, l'honneur
subsiste en lui dans son entier (page 98).

L'honneur effectif ne peut se ravir en aucune
manière. (page 106).

Quand l'épreuve du duel doit avoir lieu suivant l'ordonnance, les conditions pour pouvoir
adjuger le gage de bataille sont celles-ci :

1º Que le crime pour lequel on ordonnera
le duel *soit notoire, évident et qu'il y ait contre
l'accusé de forts indices.*

2º Que le délit pour quoi l'appel se fait soit
tel que *mort naturelle doive s'ensuivre.*

3º Que personne ne puisse être puni par voie
de gage, pourvu encore que l'accusé ne puisse
se défendre *autrement que par son corps contre
l'accusateur.* (page 169).

Avis de M. de Guise :
Un gentilhomme, au rapport de Brantôme,

était qu'un gentilhomme, pour faire réparation à un autre, qu'il aurait grandement offensé, *pouvait dire, sans faire tort à son honneur :* « je vous prie de me pardonner » pourvu qu'en disant ces mots, il mît la main sur la garde de son épée avec une contenance assurée, pour montrer que si la satisfaction ne lui paraissait pas suffisante, il était prêt à la faire à la pointe de l'épée. (page 209).

* * *

Pour recouvrer et entretenir leur haleine et salive, les combattants (au bâton, Jugement de Dieu) « mettaient en bouche d'un chacun une « portion de sucre » (page 226).

* * *

Le Duel contraire à la raison.

Après la mort d'Henri III, son favori, Marivau ne voulut pas lui survivre. Il chercha dans le parti contraire un gentilhomme qui voulût bien croiser le fer contre lui.

Le seigneur de Maroles se présenta et le tua. (pages 169-170).

* * *

Cœfar, duc de Vendôme, ayant éprouvé un refus de Marie de Médicis, au sujet d'un poste en Bretagne, appela en duel le Maréchal de Brissac qui avait été chargé par la reine de lui signifier ce refus. (pages 270-271).

* * *

Le baillif de XXX et le chevalier de XXX se battirent au sujet de Mlle Chambonneau qu'ils aimaient en même temps et qu'elle haïssait également. Ce duel fit beaucoup de bruit... L'honneur, comme on voit, n'avait aucun intérêt dans ce combat. (page 271).

* * *

Pour répondre à Montaigne, je dis que... les hommes naturellement vindicatifs ont voulu anoblir la vengeance en la couvrant du beau masque de l'honneur, etc... (page 273).

* * *

De Champdevaux cite une parole de Socrate : « Je me suis accoutumé à avoir des égards « pour la vérité, non pour l'opinion des hom- « mes ; je ne m'afflige pas de me voir condamné, « parce que je suis convaincu de mon inno- « cence. » (page 319).

* * *

« Qu'au moyen du duel, le malhonnête homme « se croit homme d'honneur et intercepte, dans « l'esprit de la multitude, l'estime qui n'est due « qu'à l'homme d'honneur, etc... » (page 347).

ANGELO.

L'Ecole des Armes (1763).

L'épée qui a remplacé chez les modernes les armes anciennes, a fait naître le jeu de la pointe; elle fait avec raison partie de l'éducation d'un jeune homme de famille, lui inspire de la confiance et du courage.   (Préface)

DANET.

L'ART DES ARMES (1766).

De la dédicace à Monseigneur le Prince de Conty :

« Sans les armes, la valeur n'aurait point d'ex-
« istence. C'est d'elles d'où vient la première
« Noblesse et par elles que s'acquiert le véri-
« table honneur ».

DEMEUSE (Nicolas).

Nouveau traité de l'art des armes (1778 et 1786)

« Toutes les nations sentent la nécessité de
« perfectionner l'Art des Armes (page XIII).

« Cet Art mérite des distinctions. Il tranquil-
« lise l'homme sage qui, ayant appris à se dé-

« fendre, se délivre par là de la crainte d'être
« molesté, etc... » (XVI) (Introduction).

Murena (Maximilien).

Traité des violences (1769).

Cet auteur, respectueux des lois religieuses
et des Edits royaux n'approuve le duel que
lorsqu'il est accordé par l'Eglise ou le Roi.

Il estime que les prêtres peuvent prendre
les armes, dans « *les cas de nécessité d'Etat*,
« parce qu'alors, tout privilège et toute consi-
« dération cessent. » (page XV).

***

L'Eglise abhorre le sang, affirme M. Murena. A l'appui de cette déclaration, le plus
gravement du monde, l'auteur nous cite en exemple :

« La bataille de Bouvines, donnée en 1214,
« où l'Evêque de Beauvais fit des prodiges avec
« la massue dont il se servait pour éviter l'ef-
« fusion du sang... » (page XVI).

***

« Le duel, écrit-il (page 133), est permis entre
« princes ou ceux qui les représentent, pour
« prévenir ou pour terminer une guerre. »

***

Il admet les duels pour sauver la réputation
d'une armée, encore doivent-ils « être autori-
« sés par le Prince ou par les **généraux**. A
« l'appui de cette thèse, il cite le duel d'un nom-
« bre égal de Français et d'Italiens, sous
« Louis XII, roi de France, et Ferdinand le Ca-
« tholique » (page 137).

L'auteur, qui est italien, nous apprend que
dans cette rencontre qui eut lieu dans la Pouille,
le sort des armes fut contraire aux Français,
qui avaient sousestimé à tort le courage de leurs
adversaires.

***

Au chapitre VII (*De la défense particulière*)
l'auteur, s'il désapprouve le duel, admet parfaitement qu'on ait recours à des violences,
quand la ressource d'une loi protectrice vient
à manquer (page 149), il précise (page 153) :

« Ce qui arrive lorsque la partie plaignante
« est rebutée par la perfidie ou l'impuissance
« du Juge.

« Quatre circonstances particulières autorisent
« une pareille défense, savoir, quand il s'agit
« de la conservation de la vie, *de son honneur*,
« de son bien, et de l'usage légitime de celui
« des autres ».

La sévérité de M. Murena apparaît tempérée
d'une certaine indulgence.

**

« Ce droit (aux violences) appartient surtout
« au mari quant à son épouse, puisque c'est
« d'elle seule qu'il doit attendre la postérité. »

M. Murena ne précise pas si c'est l'épouse
ou le complice qui doivent subir ces violences,
qui vont jusqu'à la mort.

**

La seconde partie de l'ouvrage de M. Murena
est consacrée au Devoir des juges. Nous en
citerons quelques paragraphes qui pourront être
intéressants pour les témoins et les arbitres
éventuels :

« (page 195) On n'admettait dans le Sénat d'A-
« thènes que des hommes d'une naissance hon-
« nête et de bonnes mœurs... »

**

Les mêmes principes ne conviennent pas à
toutes les affaires. (page 219).

**

Les vengeances particulières, détruisent l'autorité du juge (page 225).

**

« Des juges à perpétuité sont ordinairement
« dangereux dans une république » (page 229).

**

« La conduite des Juges doit être examinée
« avec la plus grande sévérité » (page 241).

***

« Prudence.

« C'est avec raison qu'on la nomme la Reine
« des autres vertus, parce qu'elle y préside et
« les dirige » (page 261).

***

« Un juge doit toujours se méfier de ceux qui
« l'environnent... » (page 275).

***

« Il est des crimes dont la nature est telle
« qu'il est plus avantageux de les cacher et
« d'en dévouer le nom à l'oubli, que de les faire
« connaître à ceux qui les ignorent, en les *pu-*
« *nissant publiquement* » (page 301).

***

« La recherche de la vérité, par le secours
« des témoins, est ce qu'il y a de plus difficile
« pour un juge » (page 309).

EDITS ROYAUX
TRIBUNAL DES MARÉCHAUX
DÉCLARATIONS et RÈGLEMENTS
JUSQU'AU XVIIIe SIÈCLE

Recueil de M. de Beaufort — 1784).

On rappelle souvent le souvenir des « *Edits royaux* » et l'on cite plus encore le Tribunal des maréchaux, sans plus approfondir.

Certains personnages ont conçu le projet de s'ériger en Tribunal d'honneur et joueraient volontiers le rôle de Maréchal !

Ces dernières années, il en fut fortement question et loin de solliciter nos plus glorieux officiers ou des magistrats, quelques snobs, auxquels s'adjoignaient quelques sportsmen notoires, escrimeurs pour la plupart, songèrent froidement à s'adjuger cette solennelle magistrature et régir l'Honneur en France.

La lecture du présent chapitre va dénoncer l'énormité comique de leur prétention.

S'il est difficile de posséder l'essentiel des Edits royaux et les Règlements des maréchaux, si parmi les modernes écrivains de l'Escrime, des chercheurs érudits comme M. Letainturier-Fradin ont cité in-extenso quelques rares pièces, bien avant eux, en 1679 « *l'imprimeur du roy* » Sébastien Mabre-Cramoisy en publiait un recueil assez copieux. Il était réservé à M. de Beaufort, premier lieutenant de la Connétablie de noter, un grand siècle plus tard, en 1784, tout ce qui concernait cette jurisprudence réservée à la noblesse, car, pour les roturiers, les tribunaux ordinaires suffisaient.

C'est donc à cet auteur que je ferai quelques emprunts nécessaires à éclairer le lecteur sur le caractère, les qualités et les prérogatives de ce tribunal, déjà résumées par le sous-titre de l'ordonnance de Charles IX :

« *Qui défend toutes voies de fait à la Noblesse,* » *renvoie les parties devant les Connétable et* « *Maréchaux de France, si c'est près de la Cour;* « *ou autrement, devant les gouverneurs de Pro-* « *vinces, avec appellation de leurs Jugememts* « *devant les Connétable et Maréchaux de France.*

« *Donnée à Moulins en l'an 1566.* » (page 137, tome I).

Un « Edit du Roi » Henri IV, donné à Fontainebleau en juin 1609 (page 139 et suivantes) confirme et développe son précédent Edit de 1602.

C'est le seul où j'ai relevé cette phrase (page 144) relative au combat :

« ...*Lequel* (le combat) *leur sera par Nous ac-*
« *cordé, selon que nous jugerons qu'il sera né-*
« *cessaire pour leur honneur.* »

Dans toutes les autres pièces recueillies par
M. de Beaufort, il n'est jamais question d'accorder le combat, mais seulement des réparations ou d'infliger des peines aux coupables
d'infraction aux Edits. On jugera de leur sévérité par la citation de quelques pénalités re-
levées dans l'Edit rendu en Septembre 1651 :

« Les gentilshommes commis à l'examen des
« différends avaient qualité pour *constituer pri-*
« *sonniers, saisir et annoter les biens de tous*
« *ceux qui avaient quelque différend, pour em-*
« *pêcher les voies de fait et pour l'exécution*
« *des ordres des dits Gentilshommes ainsi com-*
« *mis; le tout aux frais et dépens des parties.* »
(page 219).

« L'édit ordonnait que les témoins d'une of-
« fense ou d'une rencontre dénonçassent le dé-
« lit au tribunal des Maréchaux. » (pages 219-
220).

Pour l'honneur de la noblesse française, qu'on
sache bien que jamais pareille dénonciation ne
fut faite.

« Prison, bannissement et amendes étaient in-
« fligés pour injures graves « atroces ». (pages
222-223).

« S'insurger, dans ce cas, contre l'autorité des

« maréchaux exposait au bannissement. » (pages
225-227).

« Quand, malgré ces défenses, *l'appelant* et
« *l'appelé* en venaient aux mains, encore qu'il
« n'y ait aucun blessé ou tué, le « procès extra-
« ordinaire était fait contre eux ». Ils s'exposaient à être « *sans rémission punis de mort
et tous leurs biens, meubles et immeubles étaient
confisqués.* » (page 229).

« En cas de duel mortel, le décédé était privé
« de prières, de sépulture, le survivant puni
« de mort. (page 231).

« Les seconds encouraient les mêmes peines.
(page 232).

« Quant aux roturiers, gens de naissance igno-
« ble, s'ils se permettaient « d'appeler » des gen-
« tilshommes ou de les blesser, au cas où les
« gentilshommes auraient eu la faiblesse d'ac-
« cepter le combat, *ils étaient pendus ou étran-
« glés.*

« Les gentilshommes, leurs adversaires, subis-
« saient les peines énoncées plus haut. (page
233).

« Ceux qui portaient des billets « d'appel »
« étaient privés de leurs charges, le quart de
« leurs biens confisqués... (page 231).

« Ceux qui croyaient échapper à la rigueur
« de l'Edit en allant combattre à l'étranger s'ex-
« posaient aux mêmes peines et étaient appré-

« hendés dès leur retour en France. (page 235).
« On les trouvait d'autant plus punissables que
« les délais nécessaires à leur déplacement leur
« retiraient l'excuse du « *premier mouvement*
« *dans la chaleur et la nouveauté de l'offense.* »
(page 235).

« Défense était faite aux « grands » du
« Royaume de cacher les délinquants, ils s'ex-
« posaient à être punis eux-mêmes. » (page 239).

D'après ce que l'on vient de lire, il résulte
qu'il sera bien difficile de donner semblable
autorité à un « tribunal d'honneur » serait-il exclusivement composé *d'escrimeurs notoires, de
journalistes influents, d'écrivains à la mode, de
rois de la construction automobile ou plus simplement de virtuoses de l'effronterie parisienne.*

Le dernier des Règlements de MM. les Maréchaux date du 13 août 1781.

A leur avis, trop de gens usurpaient les titres
de *Noble*, de *Chevalier*, d'*ancien Militaire*.

La Révolution rasa tout cela, la Noblesse eut
le sort que l'on sait. Moins de trente ans après,
Napoléon en avait créé une autre et depuis,
exactement comme sous Louis XV, nobles et
roturiers croisent le fer.

L'exception de milieu ne saurait donc s'opposer qu'aux gens tarés, l'Honneur est le patrimoine de tous les Français. Nous venons d'en
faire la sanglante expérience pendant le guerre.

La Boessière.

Traité de l'art des Armes (1818).

A MM. les Officiers :
J'ose espérer que mon ouvrage obtiendra votre approbation, l'épée est l'arme de prédilection du Français ; de tout temps elle a été honorée, etc... (page X).

***

Salaville (J.-B.).

Essai sur le duel (1819).

« Sur la nécessité et sur le moyen d'en abolir l'usage » dit le sous-titre.

L'auteur fait un court historique du duel. Il ne diffère en rien de ce que le lecteur a déjà vu. Il estime que le duel ne peut exister dans un état libre (page 6). Pour lui, le « point d'honneur » est un préjugé (ib.).

***

A propos de la liberté de la Presse, il s'insurge contre la possibilité d'être provoqué pour en avoir usé (page 9).

Il ne dit pas quelles limites il assigne à cette liberté.

****

« On peut en dire autant de toutes les autres
« libertés légales ; le duel tend à les rendre tou-
« tes illusoires. » (page 10).

****

« Si vous avez été accusé de quelque fait pré-
« judiciable à votre réputation, le duel ne prou-
« vera pas que vous avez été calomnié, il en
« résultera seulement que vous vous êtes battu. »
(page 12).

Je partage tout à fait l'opinion de cet adversaire du duel, c'est pourquoi, au chapitre *Ca-
lomnie-médisance* je conseille aux témoins d'en-
quêter. Mettre à néant une calomnie est une
bien plus grande victoire que d'abattre le calomniateur.

****

« Le duel n'est donc, à proprement parler,
« qu'une inconséquence gratuite. C'est un moyen
« qui ne répond à aucune des fins pour les-
« quelles il est adopté. C'est une extravagance
« dans laquelle la sottise se joint à la férocité... »
(page 14).

Oh ! Ces philosophes !

****

Une citation, à propos du « soufflet » :

« L'auteur d'*Inès*, le poète Lamothe, marche
« sur le pied d'un passant. Celui-ci le gifle.

« Lamothe se contente de lui dire : *Ah mon-
« sieur, que vous serez fâché, quand vous saurez
« que je suis aveugle.* Il l'était, en effet. » (page
19).

M. Solaville choisit ses exemples avec habileté, il faut en convenir, car il ne cite que
celui-là.

❊

Les spartiates ignoraient le duel :

« On ne prétendra pas, sans doute, que les
« trois cents spartiates qui se dévouèrent aux
« Thermopyles, fussent des lâches ou des pol-
« trons » (page 21).

M. Salaville interprète mal notre pensée ; jamais les duellistes n'ont prétendu cela.

❊

« Un autre motif qu'on oppose à l'abolition
« du duel, c'est qu'il oblige, dit-on, à des égards
« qu'on n'aurait pas les uns pour les autres
« si cet usage n'était pas maintenu ; on se gêne-
« rait moins dans les procédés réciproques. »
(page 28).

❊

« Mais quelle est cette politesse que produit
« la crainte du duel ? Est-ce la véritable poli-
« tesse ?...

« Non, c'est cette politesse bâtarde qu'on a
« réduite en système.... et qui n'est à la poli-

« tesse ce que la bigotterie et l'hypocrisie sont
« à la religion. » (page 29).

Hélas ! Mais, faute de mieux ?

***

« Quelques personnes voudraient que l'usage
« du duel ne fût permis qu'aux militaires...

« C'est l'histoire d'un caissier qui se servirait
« des fonds de sa caisse pour ses propres af-
« faires. » (page 33).

« Le fait est que le duel, par sa nature, ren-
« tre dans le suicide : les duellistes consentent
« librement et volontairement à une action qu'ils
« savent pouvoir être le terme de leur vie. »
(page 39).

***

« Envisager autrement le duel, y faire entrer
« l'idée d'assassinat, de meurtre punissable sur
« celui qui survit, c'est méconnaître la nature
« de l'action, c'est l'assimiler à des faits d'une
« autre catégorie, et voiler l'erreur dans laquelle
« sont tombés les législateurs et les écrivains. »
(page 39).

***

« Les lois ne prononcent pas de peine con-
« tre le suicide ; pourquoi donc en prononce-
« raient-elles contre le duel qui, comme nous
« venons de le démontrer, n'est qu'un double
« suicide ? » (page 40).

* * *

Moyen d'abolir le Duel :

L'auteur propose de priver les duellistes de leurs droits civiques.

Il développe combien serait pénible pour un homme cette humiliation, l'écartant de toute fonction civile, militaire, etc... (pages 42, 43, etc.).

Brillat de Savarin (Chevalier J. A.).

Essai historique et critique sur le duel (1819).

L'avertissement préliminaire de cet essai se termine par le paragraphe suivant :

« Je suis vieux ; deux générations ont déjà
« passé devant mes yeux. J'ai aussi voyagé, et
« ma position depuis trente ans m'a donné bien
« des facilités pour observer les hommes et les
« choses » (1).

* * *

« Sous le rapport de ces combats qui n'avaient
« point pour objet la défense de la patrie, nous
« sommes déjà bien loin de nos aïeux » cons-
tate l'auteur.

« Les rois n'envoient plus de cartels aux rois,
« leurs ennemis, comme firent jadis Louis le
« Gros, Charles de Sicile, Edouard III et Fran-
« çois Ier » (page 2).

(1) L'auteur avait à cette époque environ soixante-trois ans. Ex-Constituant, il était Conseiller en la Cour de cassation.

***

« Il ne nous reste plus que le duel simple,
« reste dégénéré de ces usages antiques, encore
« les lois ont-elles plusieurs fois tenté de le
« proscrire. » (page 4).

***

« Saint-Louis fut le premier de nos rois qui
« voulut réprimer la fureur des duels, en substi-
« tuant les preuves écrites et par témoins aux
« combats judiciaires, etc...
« Les défenses faites par Saint-Louis furent
« renouvelées en 1303 par Philippe le Bel (page 7)
« mais on s'aperçut bientôt, disent les auteurs
« contemporains, que ceux qu'on privait de com-
« battre à armes égales, cherchaient à se faire
« justice avec avantage, et qu'on n'avait fait que
« substituer l'assassinat à un combat régulier.
« Aussi furent-ils rétablis par l'édit du même
« monarque rendu en 1306. » (page 8).

***

« Environ deux siècles après, Charles IX fit
« encore des lois contre les duellistes. Il alla
« jusqu'à les déclarer criminels de lèse-majesté ;
« l'édit de 1609 (Henry IV) contient à la fois
« l'aveu de l'inutilité de cette mesure extrême
« et une espèce de transaction entre l'autorité et
« l'opinion régnante » (pages 8 et 9).

« En effet, il y est dit que toute personne
« qui s'estimera offensée, etc... devra *nous de-*
« *mander, ou à eux,* (les maréchaux) *le com-*
« *bat, lequel leur sera par nous accordé.* » (page
10).

On ne trouve cette concession que dans l'Edit
de Henry IV (1609).

*_**

A propos de l'exécution des comtes de Bouteville et Deschapelles exécutés sous Louis XIII,
par la volonté de Richelieu, c'est surtout parce
qu'ils furent en révolte ouverte contre l'autorité royale, dit l'auteur.

« Ce ne fut donc point un duel simple que le
« roi eut à faire **punir** » (page 15).

*_**

Louis XIV montra contre les duels une volonté encore plus prononcée (page 17).

*_**

« Une chose digne de remarque, et qu'il ne
« faut pas perdre de vue, dans toute cette lé-
« gislation, c'est qu'elle n'a été faite que pour
« la noblesse » (page 20).

*_**

« Les roturiers qui provoquaient les nobles

« s'exposaient à être pendus ou étranglés. » (page
21).

« Malgré les édits, l'indulgence était très
« grande. Aussi les duels furent-ils très nom-
« breux sous Louis XIV. On cite, entre autres,
« l'affaire qui survint en 1679, entre Boisdavy,
« mestre de camp du régiment de Champagne
« et Ambijoux. » (page 26).

Ce dernier fut tué avec deux des seconds, cependant, il ne paraît pas que les survivants
aient été punis.

« En 1751, M. de Sévigné fut tué par le Che-
« valier d'Albret, etc... »

*
* *

« Dans une lettre du 27 mars 1737, l'un des
« fils de Louis XIV s'exprimait en ces termes :
« Les lois sur le duel sont sages, mais jus-
« qu'à ce qu'on ait trouvé le moyen de sauver
« l'honneur d'un homme, il faut, en particulier,
« compatir à ce qu'il est obligé de faire » (page
28).

*
* *

Le dernier édit fut celui du 12 avril 1723
par lequel Louis XV confirma les dispositions
de l'ordonnance de 1629.

« ...Et les duels continuèrent d'avoir lieu pu-
« bliquement, plus fréquemment et plus généra-
« lement que jamais... (page 31).

« Ces duels eurent lieu, non seulement de
« gentilshommes à gentilshommes, mais encore
« de gentilshommes à roturiers et de roturiers
« entre eux » (page 31).

*
* *

« On obtenait aisément des lettres d'abolition
« comme celles qui furent accordées au sieur
« Peisson, roturier, ancien garde du corps qui
« avait tué le marquis de Clermont Mont-Saint-
« Jean. » (page 32).

*
* *

« Louis XVI eut le bon esprit de ne pas ac-
« croître le nombre des lois contre le duel. »
(page 35).

« On vit M. le prince de Condé ne pas dédai-
« gner de croiser le fer avec son capitaine des
« gardes....

« Ce fut, plus tard, le duel de M. le comte
« d'Artois avec M. le prince de Bourbon. » (page
35).

*
* *

« De cette longue série de faits attestés par
« l'histoire politique et judiciaire de la France,
« on doit tirer une conséquence rigoureusement
« juste, c'est que le duel n'a jamais cessé d'y
« être publiquement toléré. »

*
* *

Lors du duel La Molère-de Wrainville, en

1779, le Parlement, après s'être convaincu que
le duel avait été régulier, décida, le décès de
M. de Wrainville étant survenu quarante jours
après la rencontre, qu'il était mort... d'une flu-
xion de poitrine. (page 39).

Les armes à feu privèrent la noblesse de tous
les avantages de la guerre, car la poudre, semblable à la mort, ramena l'égalité pour tous
les individus destinés à figurer dans la même
bataille. (pages 41 et 45).

Les roturiers eurent des commandements, certains devinrent fameux par leur activité et leur
audace. L'histoire a conservé le nom de ces
partisans qui, tels que Fabert, Chevert, Gras-
sin, rendirent de grands services à leur roi et
dont le maréchal Luckner est le dernier (page
46).

Vers la fin du règne de Louis XV, l'épée
devient la parure de tous ceux qui avaient le
moyen de se bien vêtir (47). Les duels abondent.

Rousseau éleva contre le duel sa voix élo-
quente ; la comédie, les romans attaquèrent par
le ridicule : « ces bretteurs déterminés qui, le

« code d'honneur à la main, voulaient que *les*
« *choses se fissent en règle* et que tout se dé-
« cidât à la pointe de l'épée. » (page 50).

Exactement comme de 1900 à 1914.

***

On quitta donc l'épée d'un commun accord,
on ne vit plus de duels improvisés par la suite
d'une injure légère...

« Il ne resta plus que les cas rares d'une in-
« jure tellement grave, qu'il devenait comme
« impossible de ne pas s'en ressouvenir. » (page
51).

Tels sont nos vœux.

***

Peu de duels pendant l'Assemblée Constituante.

On n'en cite pas, sous la Terreur.

Peu sous le gouvernement de Bonaparte. (page
53).

***

Si l'on faisait une loi sur le duel :

« Le prémier but de cette loi, si on voulait
« agir conséquemment, devrait être de préve-
« nir les offenses ; car il y aurait injustice à
« punir la bravoure, quand on aurait négligé
« de châtier l'insolence. » (page 81).

* * *

A propos du tribunal des Maréchaux :

« Ils étaient chargés d'examiner les faits, et
« d'ordonner les réparations : il ne nous reste
« plus rien de pareil. Un sentiment irrésistible
« de convenances nous dit que ces tribunaux,
« juges suprêmes du point d'honneur, seraient
« mal représentés par les juges de paix ou par
« les tribunaux correctionnels, etc... » (page 83).

Le chevalier Brillat de Savarin n'aurait jamais
pu supposer que certains snobs et quelques
sportsmen notoires songèrent, ces derniers
temps, à se constituer en tribunal d'honneur,
ayant la puissance et les prérogatives du tribunal des maréchaux. La guerre a dérangé ces
beaux projets. C'est dommage, on eût bien ri,
au lieu de tant pleurer.

* * *

« Mais ce duel abhorré n'a-t-il pas fait quel-
« que bien ?

« Il contribue au maintien des égards qu'on
« se doit dans la société, non comme on a paru
« le croire, par la frayeur qu'il cause, quoiqu'il
« y eût bien quelque chose à dire là-dessus, puis-
« qu'on sait que les plus impolis ne sont pas
« toujours les plus braves : mais en rendant
« plus important et plus général ce principe

« de l'éducation première, *qu'il ne faut offenser*
« *personne.* » (page 88).

***

Le duel contribue à éteindre les haines...
Plus loin :

« *Mais surtout le duel empêche les assassi-*
« *nats.* » (page 89).

Ce fut l'opinion de Philippe le Bel, peu de
temps après son édit de 1303. De là celui de
1306.

***

Parmi les anecdotes qui terminent l'Essai du
chevalier Brillat de Savarin, celle-ci :

« Le comte de Lalippe ayant été chargé par
« le roi de Portugal de reconstituer son armée,
« déclara qu'il congédierait du service les offi-
« ciers qui allègueraient leur conscience pour
« se dispenser des affaires d'honneur, attendu
« que les régiments étaient faits pour les bra-
« ves et qu'il y avait pour les autres assez de
« couvents en Portugal. » (page 117).

PINET,

Avocat à la Cour (1829).

Qui soutiendrait la pensée d'assimiler le duel
pour le châtiment, à quelque crime atroce, aux
faux, au meurtre. (page 172).

***

A propos de la peine de mort appliquée aux duellistes :

Que fait la menace de la mort à celui qui y court lui-même... Celui qu'exaspère la seule pensée de passer pour un lâche, endurera-t-il mieux le soupçon d'avoir l'âme basse. (page 174).

***

L'honneur, dont beaucoup de gens font par erreur l'attribut exclusif de la carrière des armes, *patrimoine de toutes les professions, me semble, dans chacune, le scrupule de la qualité propre à cette profession.* (page 192).

***

A propos de voies de fait :

Comment distingueront-ils (les tribunaux) le soufflet, simple voie de fait, du soufflet, *insulte atroce appelant l'effusion de sang.* (page 216).

***

A propos du tribunal des Maréchaux et de l'impuissance de toute jurisprudence contre le Duel :

Et cependant cette législation, si bien combinée, méditée avec tant de soin, si appropriée à son but, ne produisit pas l'effet attendu ; renouvelée dix fois, dix fois elle fut frappée de désuétude.

L'auteur conclut en s'appuyant sur l'éducation que les anciens donnaient aux femmes et qui développèrent des sentiments que nous voyons briller chez Cornélie, chez Porcie, chez la jeune Clébie ou chez les fémmes de Sparte.

Il affirme qu'elles réussiraient peut-être mieux dans la noble entreprise de réfréner le duel, *que les lois les plus sévères*, les plus ingénieusement combinées.

CHATAUVILLARD (Comte de).

Essai sur le duel (1836).

« Si le code du Duel est en dehors des lois, « s'il ne peut y avoir de code que *celui sanc-* « *tionné par la loi*, n'hésitons pas cependant, « à donner ce nom aux *règles imposées par* « *l'honneur*, car l'honneur n'est pas chose moins « sacrée que les lois gouvernementales. »

C'est nous qui avons souligné.

Donc, dans la pensée de l'auteur du premier « Code de Duel », il n'y a pas d'autre code que celui sanctionné par la loi.

Seule, une grande élévation d'âme conduit M. de Chatauvillard à donner le nom de « code » aux règles imposées par l'Honneur.

Ces cinq lignes liminaires de l'auteur de : *Essai sur le Duel* nous ont également servi de base.

Par un renvoi (page 7) nous apprenons que MM. le général comte Excelmans, le comte du Hallay-Coëtquen, le général baron Gourgaud-Brivo.., le vicomte de Contades « ces hommes de « cœur, dont les talents et la coopération cons- « ciencieuse ont fait de véritables collabora- « teurs... » n'ont plus permis à l'auteur d'hésiter à publier son travail.

Disons tout de suite qu'en ce qui concerne les règles relatives à la conception des offenses, leur évaluation et toute la forme de la procédure, le code de M. de Chatauvillard est parfait. Tous les auteurs qui lui ont succédé depuis bientôt un siècle n'ont fait que reproduire à peu de chose près ce qu'il a établi.

Ceci n'a rien de surprenant, l'honneur, le sentiment de l'honneur, et en conséquence, le « point d'honneur » étant invariables.

Seuls les règlements de combat ont vieilli. Non seulement nous les avons simplifiés, ce qui serait bien, mais certains les ont abaissés au niveau d'adeptes d'un cabotinage qui n'est plus qu'une parodie pénible du duel.

Plus particulièrement, cette modification apparaît dans les duels au pistolet qui, actuellement, sont loin d'avoir la tenue et le sérieux conseillés par MM. Bibesco, Fery d'Esclands (1900), M. Bruneau de Laborie (1912), M. G.

Breittmayer (1918), et par nous-même (Escrime de Duel 1913).

L'auteur a codifié des formes de duel usitées à son époque :

Duel de pied ferme, duel à volonté, duel à marcher, duel à marche interrompue, duel à marche parallèle, duel au signal.

L'auteur consacre un chapitre aux duels exceptionnels.

« C'est à regret, dit-il, que nous parlons ici « des duels exceptionnels, et c'est dans l'espoir « de les rendre plus rares que nous recomman- « dons aux témoins de ne permettre d'y avoir « recours que dans des cas jusqu'ici imprévus. » (page 71).

Il cite des exemples, au Pistolet :

Du duel exceptionnel à distances plus rapprochées, du duel avec une seule arme chargée.

Et la technique de ces duels est soigneusement étudiée par l'auteur.

Nous ne sommes pas surpris que cette œuvre sérieuse ait reçu l'approbation de nombreuses illustrations militaires et politiques, dont la liste est fournie (pages 87 à 90). On rencontre dans cette liste les plus grands noms de France.

Des commentaires et enfin un Recueil très important des *Edits et Arrêts sur les Duels* complètent « l'Essai sur le Duel ».

L'exemplaire que nous en possédons appartint au ministre Guizot.

Outre la dédicace :

« Offert par l'auteur à Monsieur Guizot, mi-
« nistre des affaires étrangères, Député.

   « L'opinion s'efface quand il s'agit de
   « rendre hommage au mérite.

« Signé : Chatauvillard »

la page de garde de cet exemplaire porte deux citations écrites de la main de l'auteur ; sans doute résumaient-elles, *au moment* où il les écrivit, la pensée de notre maître sur le « point d'honneur ».

   « Le duel, loin d'être un préjugé, est plutôt
« la cause du perfectionnement de nos mœurs.

   « La Société a certains sentiments, en certains
« moments, qui ne sauraient être protégés que
« par le Duel.

« Signé : Guizot. »

   « Qui oserait dire que l'on doit rester calme,
« en présence d'insultes à la mémoire d'un père,
« d'attaques à l'honneur de sa famille, de sa
« mère, de sa sœur.

« Signé : Pérignon. »

* *
* * *

'Afin de ne pas répéter et développer des thèses déjà connues du lecteur, nous bornerons à cette dernière citation l'examen de « l'Essai sur le Duel » dont toutes les pages sont encore un enseignement précieux.

Nougarede de Fayet.

Du duel sous le rapport de la législation et des mœurs (1838).

Cet auteur, avocat à la cour, déclare dans son avant propos que son Essai n'a d'autre but que de « bien faire connaître aux hommes du monde les peines que vient d'établir la jurisprudence » — nous sommes en 1838, ne l'oublions pas... — et de faire un appel à leur jugement contre cette même jurisprudence.

Au cours de cette plaquette de cent deux pages, l'auteur publie l'Edit du Roy contre les duels, donné par Louis XIV en 1651 et le réquisitoire du procureur général Dupin, à la suite du duel Baron-Pesson, sur lequel je reviendrai, car il est un argument sans réplique en faveur de la « *remise du duel à trente jours exigible quelle que soit l'offense* », que je propose au cours de ce livre.

(Voir au chapitre : Trève de 30 jours).

***

Napoléon, dit-on, méprisait les duellistes. Soit, mais songeait-il à édicter des lois contre le duel?

« Il ne pouvait l'abolir, estime l'auteur, au
« moment où il venait de rétablir la noblesse,
« lorsqu'il s'efforçait de reproduire dans sa cour
« plébéienne l'esprit, les manières et tout l'ap-
« pareil de l'ancienne cour. Il ne pouvait sur-
« tout songer à instituer contre le duel des pei-
« nes infamantes, telles que l'on veut aujour-
« d'hui les faire ressortir de la législation. »
(page 14).

***

L'auteur redresse une opinion erronée, qui
veut que le duel ait été compris dans le code
pénal en 1791, après l'abolition des anciennes
ordonnances royales (page 17).

Il en donne la preuve par un décret de la
Convention rendu le 29 messidor an II (page 17).

« La Convention « renvoie à son Comité de
« la rédaction des lois pour examiner et propo-
« ser les moyens d'empêcher les duels, et la
« peine à infliger à ceux qui s'en rendraient cou-
« pables. »

Donc, conclut l'auteur :

« Elle regardait donc une loi nouvelle comme
« nécessaire pour pouvoir poursuivre ou punir
« les duels. » (page 18).

L'auteur qui a lu comme nous les ordonnances royales et citant celle de Henri IV écrit :
« qu'il n'aurait pu se résoudre à interdire le
« duel, s'il n'eût donné en même temps à l'hon-

« *neur de la noblesse des garanties capables de*
« *le remplacer.* » (page 29).

Page 30, l'auteur développe cette thèse :

« La Constituante avait détruit. le privilège
« du duel réservé à la noblesse. Elle avait donné
« à tous les Français le droit de porter une
« épée et de s'en servir. Aujourd'hui (1838) on
« veut tout égaliser en abaissant tout.

« Aujourd'hui (1838) les législateurs s'inquiè-
« tent peu de nous fournir des ressources contre
« les affronts ».

« Je me trompe, dit l'auteur ; ils nous ont
« ménagé la ressource du tribunal correction-
« nel! Le tribunal des escrocs et des vagabonds... »
(page 31).

Et l'auteur s'indigne.

***

« Le mot le plus simple en apparence est quel-
« quefois un de ces coups qui tuent...

« L'on ne peut pas, ces coups, ces blessures
« n'ont que deux juges, celui qui les fait, celui
« qui les reçoit » (page 32).

***

« Et ce qui est plus grave encore et plus im-
« portant, c'est que si la loi est impuissante à
« punir les affronts.....

« Supprimer le duel, c'est laisser le champ
« libre aux méchants et aux lâches, c'est nous

« livrer sans défense à leur insupportable ty-
« rannie » (page 33).

***

Et l'auteur aborde la thèse la plus grave au
point de vue de la liberté individuelle :

« ...*Et la dignité, l'honneur de la France, que*
« *nous sommes tous sans doute jaloux de main-*
« *tenir, ne nous coûte-t-il rien? ne lui sacrifions-*
« *nous pas sans cesse notre rang et notre vie?*
« *et si pour quelque offense souvent imaginaire*
« *on se jette dans ces guerres terribles qui dé-*
« *vorent à l'envi les hommes et l'argent, ne faut-*
« *il pas faire aussi quelques sacrifices pour l'hon-*
« *neur privé des citoyens.* » (page 35).

***

« ..., c'est se montrer atteint d'un préjugé d'un
« autre genre, et bien petit, contre tout ce qui
« sent l'aristocratie, que de vouloir nous don-
« ner à tous le droit commun » (page 37).

***

L'affaire qui déclancha, si j'ose m'exprimer
ainsi, le formidable réquisitoire du procureur
général Dupin, offrait, il faut l'avouer, une base
solide à ses arguments d'adversaire irréductible
du duel.

Le 28 janvier 1837, le sieur Baron, avoué,
se croyant outragé par le sieur Pesson, agréé
à Tours, porta à ce dernier un soufflet. Le lec-

teur connaît trop maintenant la procédure habituelle aux duels pour que je m'étende sur les incidents qui suivirent, préliminaires, etc... au cours desquels on put savoir dans les vingt-quatre heures que Baron, l'homme qui avait frappé n'avait jamais tenu une épée. Par contre, son adversaire était escrimeur et choisit l'épée, c'était son droit.

On constata sur le terrain que les épées apportées étaient d'inégales longueur (quelques lignes, précisa le procureur général). Les témoins s'en remirent au sort et la plus courte échut à Baron, l'homme qui n'avait jamais fait d'escrime.

Dès la première reprise, notre Baron fut embroché et rendit le dernier soupir. Aimables témoins!!!

Il est indéniable que pareil cas se renouvellera de nos jours. Ce fut même celui du duel Lauthier-Ebelot, il y a quelques années.

Celui qui fut tué avait été prendre une leçon chez un célèbre spécialiste du « *coup d'épée à la main* » qui, après avoir mis sous ses yeux une longue liste plus ou moins apocryphe de vainqueurs, formés par lui en quelques minutes, l'avait, d'un cœur léger, envoyé se faire tuer. En effet, le malheureux, sidéré par l'émotion, ne sut que « *tendre* » un bras raidi, prolongé d'une lame inerte. L'adversaire écarta cet obstacle passif et, pointant ferme, lui creva le poumon. Le pauvre diable s'écroula. Et là-bas, dans sa lointaine province, toute une famille prit le deuil !

Et allez donc, *l'honneur fut satisfait.*

Dans tous les cas, *si la trève de trente jours était imposable,* MM. les témoins pourraient s'éviter un rôle odieux, imbécile ; témoins pour lesquels la loi n'aura jamais assez de rigueurs, car, bien plus que l'auteur du « meurtre », ils en sont responsables.

MM. les professeurs du « *coup d'épée à la main* » ne pourront qu'applaudir à l'institution de cette trève, dont l'immédiate conséquence sera de leur rabattre des élèves.

Je sais des témoins conscients de leur devoir. Un jour, l'avocat P. A. Sch... témoin d'un auteur dramatique m'amena son client. Outre que ce dernier ne savait rien, n'ayant jamais touché une épée, je constatai, à mille indices, qu'il avait le cœur particulièrement mal « accroché ». Le peu d'enthousiasme que je manifestais en donnant une « leçon de duel » à son ami, l'intrigua. Pendant que ce dernier se rhabillait au vestiaire, il vint vers moi.

— Alors, dit-il ?

— Rien à faire, répondis-je, outre son ignorance absolue des armes, cet homme est d'une couardise rare, vous allez au-devant d'un duel grotesque ou d'un drame.

M. P. A. Sch... est un sage : le duel n'eut pas lieu.

LHOMANDIE (P. F. M.).

La xiphonomie (1840).

L'escrime ou l'art de faire des armes est un exercice salutaire dont chacun doit apprécier l'heureuse influence sur l'homme, tant au physique qu'au moral. (page 3).

***

Je chante un art antique et moderne à la fois
. . . .
Un art qui du Français, dans les champs de l'Honneur
Signale avec éclat l'adresse et la valeur.

(p. 41.)

***

Ce n'est qu'aux ennemis de l'immortelle France
Qu'il convient d'opposer son art et sa vaillance
Un jeune homme entraîné par un faux point d'honneur
Veut-il en duel signaler sa valeur?
Que se montrant des lois le rigoureux esclave
Il se rappelle alors ces mots du *Grand Gustave.*
Deux guerriers, qu'animait un sentiment cruel
Imploraient de ce roi, la faveur d'un duel :
« Battez-vous, mais soudain qu'un échafaud s'apprête,
« L'homicide vainqueur y portera sa tête. »
Ils frissonnèrent tous deux, et ce sage discours
Peut seul de leurs débats interrompre le cours.

(p. 83.)

Lafaugère (Justin).

L'esprit de l'escrime (1841).

De la préface d'Alfred Tourgon-Monbar, capitaine :

L'escrime est la science de l'adresse et du courage. L'homme, en quelque situation qu'il soit placé, se trouve en présence d'un danger caché ou apparent, danger pour sa conservation matérielle, danger pour son amour-propre, etc... (page 7).

Quand l'Escrime ne donnerait que le droit d'être généreux dans certaines occurences, sans que cette générosité soit soupçonnée de débilité de cœur. (page 11).

De Lafaugère :

. . . .
L'égoïsme sans frein, enfanta l'injustice
Au hideux intérêt, l'intérêt répondit
Et des plus noirs excès le monde entier frémit.

(p. 30.)

Il (l'homme) éprouva du fer la force et la puissance,
Il forgea le poignard et l'épée et la lance.

. . . .
Au coupable succès son âme accoutumée
Au métier des combats chercha la renommée
Tant pour l'orgueil humain est grand l'attrait fatal
D'imiter de la mort le génie infernal.

(p. 31.)

Grisier (A.).

Les armes et le duel (1847 et 1864).

L'un des plus remarquables ouvrages publiés par les maîtres d'armes, avec cette particularité que Grisier n'a pas seulement inspiré son livre, mais l'a écrit lui-même.

« La spéculation ne m'a pas guidé dans la « publication de ce livre : mais, après avoir lu « tout ce que l'on a écrit sur les armes depuis « 1531 jusques en 1845, j'ai cru pouvoir ap- « porter ma pierre à l'édifice sur les parois du- « quel sont inscrits avec honneur les noms de « ceux dont je me glorifie d'avoir été le disciple « et l'ami. »

Une préface d'Alexandre Dumas père, et une notice sur l'auteur par Roger de Beauvoir nous sont une preuve de l'esprit dans lequel était tenu Grisier dans le monde des lettres.

Si Grisier était partisan des « Jurys d'honneur », ainsi que nous le déclarons par ailleurs dans ce livre, c'était uniquement par esprit de bienveillance et de respect pour la vie de ceux qui venaient le consulter.

Pour lui-même, les choses marchaient plus rondement, et d'une plume aussi alerte que son fleuret, voici ce qu'il écrivit à l'un de ses confrères qui l'avait persiflé au cours d'un dîner et devant les premiers amateurs d'escrime :

« N'oubliez jamais, monsieur, que dans notre
« art, lorsqu'on veut persifler, il faut toujours
« que ce soit l'épée à la main. Je vous attends
« avec la vôtre. »

***

« Une triste vérité dont rien, par malheur
« ne peut contester l'évidence, est le penchant
« de l'homme à se montrer méchant et que-
« relleur. » (avant-propos).

***

« L'épée à la main, l'homme généreux ména-
« gera son adversaire, l'ardeur et le danger du
« combat pourront se modifier suivant la gra-
« vité de l'offense ; avec un pistolet, la modé-
« ration est impossible, la suite du combat donne
« toujours une solution insuffisante ou cruelle. »
(page 86).

***

À propos du Code de Chatauvillard :

« (Ce code) renferme, selon nous, des théo-
« ries non acceptables. La grande question du
« duel est encore à traiter au triple point de
« vue de la raison, de la morale et des conve-
« nances ». (page 87).

Et dans le chapitre qui suit, Grisier essaie
de faire mieux. Il fait l'historique du duel en
France. Encore qu'il ait publié son livre en

1847, il ignore l'étude du prince de la Moskowa de mars 1845, ce qui le conduit, dans son historique, à qualifier de « *perfide* » le coup de Jarnac.

Nous discutons d'assez près le fait au chapitre de Brantôme, le lecteur est fixé.

*

Page 109, Grisier développe ses raisons en faveur de la constitution de « Jurys d'honneur ».

*

Grisier termine ce long examen en déclarant que des « *hommes honorables choisis par leurs* « *concitoyens* » doivent former un jury d'honneur qui sera la base de toute législation sur les combats particuliers (page 141).

*

Mais, mon cher maître, quatre témoins *choisis par leurs concitoyens parmi des hommes honorables* constituent précisément ce jury d'honneur. Ils ont sur celui que vous préconisez l'avantage d'être des amis intimes, auxquels il est déjà bien pénible de confier certaines douleurs.

Quel avantage trouvez-vous à confier ces douleurs à des indifférents — imposés par qui ? — dont après tout, nous ne connaîtrons pas la vie ? Que faites-vous des passions politiques et religieuses, des organisations occultes ?

Deux amis dévoués dans chaque camp, imbus du respect de la vie et des véritables devoirs du citoyen français, voilà le vrai jury d'honneur. Qu'on bannisse des conflits l'amour-propre et le cabotinage ; que devant la société implacable et bassement cruelle, se dressent, sous les yeux des témoins, la mère, l'épouse et les enfants des adversaires et, sauf dans des cas extrêmement rares, bien des duels avorteront. Voir simple, avec son cœur, tout est là.

Mendez (Théodore-Auguste).

Essai sur le duel (1854).

(Préface) : Ce livre est placé par l'auteur sous la sauvegarde de tous ceux qui croient en Dieu, de tous ceux qui prient, et de tous ceux qui aiment.

Th.-Aug. Mendez.

****

Ce sont donc des pensées et des arguments contre le duel que nous allons glaner dans l'ouvrage de M. Mendez :

Un général anglais a dit : Si le diable sortait de l'enfer pour se battre en duel, le premier qui se présenterait pour faire sa partie, serait assurément un Français. (page 4).

[*]

L'homme est un monstre incompréhensible, a dit Blaise Pascal.

Il prie avant d'aller se battre en duel. (page 9).

[*]

« Il y a du tigre dans l'homme » a dit Frédé-ric-le-Grand.

Non, il y a oubli de Dieu, folie et vanité, cette folie de la sottise (page 43).

[*]

Disons carrément et *ex abrupto* que le courage n'a rien à faire dans le duel, pas plus que l'honneur. (page 103).

[*]

C'est sous la pression de l'orgueil humain que surgit le duel. Nous avouons qu'il est bien digne de son origine, et certes, nous ne la lui contesterons pas (page 111).

M. Mendez semble oublier que le « combat judiciaire », le « jugement de Dieu », *origine* du duel, fut institué et patronné par l'Eglise qui, si elle le réprouve aujourd'hui, s'en est servie sans réserve au début du Moyen Age.

[*]

Examinons maintenant ce grand mot de dignité :

« Un déluge de mots sur un désert d'idées. »

Voltaire.

et voyons s'il y a un refuge quelconque où
puisse, comme lieu d'asile, se retirer le duel.
(page 134).

****

L'homme :

Dans un même jour, fanfaron et lâche, inso-
lent et dur devant celui-ci, bas et rampant devant celui-là. (page 235).

****

Sur le rocher de Sainte-Hélène, où il s'appre-
nait à mourir, le grand colosse disait :

« Rien ne vaut la peine de rien. »

Et pour ce rien : le crime, l'échafaud, le duel,
le suicide ! (page 250).

****

Heureux les peuples qui n'ont pas d'histoire,
a dit Montesquieu. Aussi heureux, les hommes
qui n'en ont pas. (page 257).

****

Réussir, c'est tout. (page 264).

****

Le duel a un nom qui le dit et peint tout
entier, ce nom, c'est Vanité. (page 281).

****

Vous voulez le duel, et la religion le répudie
(et la religion, c'est tout) ; la philosophie le

repousse, l'humanité proteste, la logique et la raison ne l'admettent pas.

Quelle chose voulez-vous donc ? (page 205).

EMBRY (J.-A.).

Dictionnaire raisonné d'escrime
précédé de l'analyse de l'histoire de France
dans ses rapports avec l'escrime et le duel (1856)

Gros travail où l'auteur s'est efforcé de résumer l'histoire de l'Escrime, du duel sous tous les règnes. A l'appui de cet historique, il conte quelques duels célèbres. L'auteur, sans marquer une violente hostilité contre le duel, semble adopter l'opinion de Grisier qui préconisait la création de Jurys d'honneur dans chaque ville.

Nous avons exprimé notre opinion sur les « Jurys d'honneur », nous n'y reviendrons pas.

Le travail de M. Embry comporte la matière de plusieurs ouvrages, mais n'apporte aucune idée personnelle. Ne l'a-t-il pas d'ailleurs appelé *Dictionnaire suivi d'analyse de l'Histoire dans ses rapports avec l'Escrime et le Duel ?* Cet auteur donne un résumé des différentes législations contre le duel.

BEAUVOIR (Roger de).

Duels et duellistes (1864).

« *Duels et duellistes* » sont des contes où les

plus mauvais sujets apparaissent de délicieux héros, sous la plume indulgente de l'auteur, escrimeur de race, si nous en croyons l'élégante précision de ses descriptions de combat.

Cependant, M. de Beauvoir, après nous avoir charmés nous fait réfléchir. Son dernier conte très bref, est la condamnation des duels ayant pour origine un motif futile :

« C'était en 1810, dans ces jours d'enthou« siasme royaliste et par conséquent de com« pression napoléonienne.

« Un jeune homme passait sur les quais, du « côté du Louvre, avec un bouquet de violettes « à la main. »

La violette était tenue pour séditieuse. Un officier de la garde regarda le jeune homme avec affectation, et de son gant, il fit ce geste terrible qui consiste à frapper quelqu'un au visage ; moins de deux heures plus tard : Duel !

« Après quelques passes, le jeune homme, quoi« que bon tireur, était percé de part en part « d'un grand coup d'épée.

« Avant de tomber, en pâlissant, il murmura, « s'adressant à son adversaire :

« — Ah ! monsieur, que vous allez avoir des « regrets de ce que vous avez fait ! C'était ce « soir la fête de ma mère, et je lui portais ces « violettes.

« On eut toutes les peines du monde à em-

« pêcher l'officier de la garde de se tuer à côté
« de celui qui venait de tomber.

ALMBERT (Alfred d').

Physiologie du duel (1867).

La série de nouvelles fort intéressantes pu-
bliées par M. d'Almbert, constitue en effet une
« physiologie du duel ». L'auteur, encore que
sa conclusion personnelle prouve qu'il est adversaire du duel, expose impartialement des faits
qui laissent le lecteur assez perplexe.

De deux affaires largement développées et
juxtaposées, l'affaire maréchal Clauzel-Dupin et
l'affaire Baron-Pesson, il se détache l'impression que la première fut certainement la géné-
ratrice de la fameuse loi de 1837, provoquée
par le célèbre réquisitoire de l'avocat-général
Dupin.

Ce dernier n'était pas seulement magistrat, il
était député. A ce titre, il publia sur le maréchal Clauzel, également député, une critique
dans le « Moniteur » du 3 janvier.

Cette critique comportait, sous le masque d'al-
lusions historiques, de graves imputations contre l'honneur de Clauzel, son adversaire politique. Ce dernier, résolu à le tuer, tant l'injure
était grave, lui adressa des témoins.

Ceci ne faisait pas l'affaire de Dupin, qui fit

agir le roi, pour se protéger. Louis-Philippe exigea de Clauzel qu'il renonçât à son projet. Quelque maréchal qu'il fût, Clauzel dut s'incliner devant la volonté du monarque.

Dupin était sauvé, mais il garda du duel *auquel il ne croyait jamais être exposé*, une telle impression qu'il saisit avec habileté la première occasion sérieuse de lui porter un coup qui devait l'abattre.

Ce fut à propos du duel Baron-Pesson. Ce dernier, assez bon escrimeur, tua dès la première minute son adversaire qui n'avait jamais tenu une épée. (Nous avons vu plus haut cette affaire en détail).

Belle et légitime occasion pour un orateur de talent et de plus magistrat, d'attaquer le duel. Il fit mieux, il le vainquit.

« *Par le fait*, dit M. d'Almbert, *la jurispru-*
« *dence de 1837 substitue le jugement des Ma-*
« *gistrats au Tribunal des Maréchaux de France.* »
(page 151).

L'auteur a certainement la même impression que moi sur les raisons intimes qui guidèrent l'avocat-général Dupin, car il ajoute quelques lignes plus bas :

« *Quand, vingt-cinq ans plus tard, M. Du-*
« *pin publia ses mémoires, il fit le récit de*
« *cette affaire, mais à sa manière...* »

La haine servie par le talent donne d'assez jolis résultats, nous le voyons tous les jours.

L'auteur a consacré quarante-cinq pages à cette affaire Clauzel-Dupin, c'est donc un raccourci très succinct que j'en présente, j'ai voulu prouver par là que, pour leurs intérêts personnels ou la satisfaction de leur vindicte, certains hommes vont jusqu'à créer des lois. Ceci dit pour certains de nos contemporains qui voudraient en faire tout autant et s'ériger — à quel titre ? — en magistrats d'honneur. Magistrature que d'opportunes et robustes relations politiques pourraient très bien homologuer. Ce serait gai !

*
* *

Cueillons maintenant quelques lignes dans l'ouvrage de M. d'Almbert :

« Les uns font commencer le « point d'hon-« neur » à un salut oublié, les autres, au soufflet « seulement » (page 3).

*
* *

« C'est cette insouciance de la loi, son impuis-« sance pour la répression des injures, qui est « la source du duel.

« L'offensé qui cherche en vain une protection « dans la justice est conduit à se faire justice « lui-même. » (page 4).

*
* *

« L'adolescent lancé dans le monde avec un

« peu de latin, beaucoup d'inexpérience, une
« bonne garde en quarte et un coup d'œil sûr,
« attend son premier duel avec une fiévreuse im-
« patience. S'il n'arrive pas, c'est un vol qu'on
« lui fait. » (page 15).

* * *

L'auteur explique que, dans la procédure féo-
dale, dans le cas où l'accusé opposait un « *démenti* » à son accusateur, le duel était ordonné,
exactement comme à la suite d'un « *soufflet* ».

De là cet apophthegme, érigé en « *règle d'honneur* » : un démenti vaut un soufflet (page 51).

* * *

Critiquant la jurisprudence de 1837 (page 153) :
« Le juré remplira la place jadis occupée par
« le Maréchal de France...
« On déclarera homicide un fort honnête
« homme avec lequel on sympathise de tout
« son cœur et on allouera des dommages-inté-
« rêts à un chenapan qui se sera fait égratigner
« le bras afin de se créer des ressources. »

* * *

« Le pistolet est une vilaine arme ; il n'a pas
« démocratisé le duel ; il l'a fait populacier. »
(page 158).

* * *

« Le plus grand danger du duel, ce sont les
« témoins. L'intervention obligée de ces auxi-

« liaires officieux envenime souvent les ques-
« tions et détermine un combat qui aurait pu
« être évité. » (page 163).

***

« Il arrive donc qu'une affaire où l'honneur
« et la vie sont en jeu, est remise entre les mains
« d'hommes auxquels on ne confierait pas le
« maniement des plus petits intérêts matériels. »
(page 164).

***

« Bien couvert d'un paletot, les mains dans
« les poches, le chapeau sur la tête, la figure
« enveloppée d'un moelleux cache-nez, le témoin
« regarde tuer son ami. » (page 165).

« Où rencontrer des hommes instruits des de-
« voirs qu'impose l'arbitrage de l'honneur, ex-
« perts dans l'exercice de leur mandat, impar-
« tiaux dans les résolutions qu'ils arrêtent ?

« Ces hommes sont rares ; et nous voyons les
« duels s'achever d'une façon terrible ou ridi-
« cule. » (page 179).

***

A propos de l'estime surprenante que la Société concède au duelliste :

« — Je vous ai vu avec un tel : savez-vous
« que c'est un homme peu estimable ?

. . . .

« — Oui, mais il se bat.

« Un tel se bat, mais il n'a pas de délicatesse ;
« il est compromis dans des affaires véreuses,
« vous ne lui confieriez pas 100 francs ! Il se
« bat !

. . . .

« Il a trompé une pauvre femme, il a séduit
« une pauvre fille, il a jeté le trouble dans des
« familles qui l'avaient accueilli. Il se bat! (page
181).

. . . .

« Ainsi, parce qu'il se bat, il cesse d'être di-
« gne du mépris et de l'exécration. » (page 182).

****

Conclusion (page 271) (de M. d'Almbert) :

« Puis, lorsque cette caricature lugubre qu'on
« nomme le point d'honneur aura cessé de faire
« partie de nos croyances et que les générations
« futures étudieront avec étonnement et dégoût
« quelques vieux restes de duellistes, comme on
« fait des vestiges des monstres antédiluviens
« dont on est curieux d'apprécier la force et la
« férocité, l'honneur véritable brillera d'un plus
« vif éclat.

« Les vices, les fautes, les crimes deviendront
« plus rares, du jour où on ne pourra plus les
« étayer d'une once de plomb ou d'un brin d'a-
« cier. »

COLOMBEY.

Dans un recueil d'anecdotes sur le duel publié par cet écrivain, nous relevons quelques citations :

Définition du duel par Jean de Liliano : *Un combat d'homme à homme, pour une injure à laver, l'honneur ou une haine à satisfaire.*

Bonacina estime que *c'est un combat singulier arrêté entre deux parties, spontanément et d'après certaines conditions, avec chances de mort, de blessure grave ou légère.*

Lamartine s'est inspiré de ce passage de Bentham : Si le législateur eût toujours appliqué convenablement un système de satisfaction, on n'eût pas vu *naître le duel qui n' été et n'est encore qu'un supplément à l'insuffisance des lois.* (page 14).

Pour M. Nestor Roqueplan : En déclarant la guerre au duel, M. l'avocat-général Dupin a fait comme je ne sais quel romain, un vaste pli à sa robe et c'est dans ce pli que sont venus se cacher tous les poltrons du royaume. Ceux-ci, qui sont nombreux, peuvent aujourd'hui être braves sans frais, ce qui permet de généraliser notre valeur nationale et de multiplier *les hypocrites du point d'honneur.* (page 330).

VALLEE (vers 1880).

L'auteur cite une déclaration du ministre Guizot :

« La société française doit renoncer à empê-
« pêcher le duel qui aura une juste cause ».
(page X).

*

Du procès Beauvallon-Dujarrier, dont l'historique a été copieusement traité par Du Verger
Saint-Thomas, que nous citons plus loin, Vallée a retenu cette opinion du président des
Assises sur le code de Duel de Chatauvillard :

« En définitive, si ce que vous venez de dire
« est le résumé du code du duel, ce code ne
« sera pas dans ma bibliothèque. »

Incontestablement ce code et même tous ceux
de notre époque *font la partie belle aux spadassins*. C'est précisément pour cela que je propose la remise de tout duel à trente jours, afin
que l'ignorant en escrime puisse se préparer
utilement.

(Voir au chapitre : Trêve de 30 jours).

*

A propos de l'exception de milieu, qui fait
l'objet d'un chapitre de ce livre, où je réfute
cette mesure inopérante à notre époque, Vallée cite les origines de soldats célèbres (page 72) :

Fabert, maréchal sous Louis XIV était fils
d'un typographe.

Chevalier Paul, lieutenant-général et vice-ami-
ral de France sous Louis XII était fils d'une
blanchisseuse.

Saint-Hilaire, lieutenant-général sous Turenne, fils de savetier.

Chevert, lieutenant-général sous Louis XV, fils d'un tapissier.

Tavernier (Adolphe).

L'art du duel (1884).

L'Art du Duel, dit l'auteur, page 7, c'est l'ensemble des règles qui régissent les affaires d'honneur, avant, pendant et après le combat ; c'est l'art de vider correctement une affaire d'honneur.

***

De la préface d'Aurélien Scholl :

« Du choix des témoins dépend presque tou-« jours la moralité d'un duel.

« Un bon témoin, c'est l'oiseau rare. Il lui « faut une grande expérience des armes, beau-« coup de calme, de coup d'œil et de sang-« froid. » (page 17).

***

De l'auteur :

« Le témoin de mes rêves doit naturellement « avoir assisté à plusieurs rencontres : sans cela, « qui me répondra de ses qualités ? » (page 37).

***

« Deux autres qualités sont encore nécessaires

« au témoin parfait : 1° l'esprit de conciliation ;
« 2° la fermeté. Les gens passionnés, les suscep-
« tibles, les « barres de fer » qui ne plient ni
« ne rompent font généralement d'assez mau-
« vais témoins. Ils manquent tous de sang-froid
« ou d'aménité et font souvent battre inutile-
« ment leurs clients.

« Il faut les fuir comme la peste. » (page 38).

***

Le terrain pour un duel à l'épée :
« L'idéal en l'espèce, est incontestablement la
« route *dure, plane* et *ombragée.* » (page 81).

A propos de la méthode d'épée dite « *pointe
en ligne* » :

« Et puis les novateurs sont bien naïfs : ils
« peuvent être persuadés que si cette méthode
« de tirer était la plus commode et la meilleure,
« on l'eût généralement adoptée depuis des siè-
« cles qu'on s'occupe de perfectionner l'escrime. »

L'auteur résume :
« C'est une méthode disgracieuse, fatigante
« et bien souvent propre à faire tuer son homme.

« Elle ne gênera guère que les gens peu expéri-
« mentés en matière d'escrime. » (page 133).

***

« Les qualités physiques et l'agilité, en parti-
« culier, ont plus d'importance encore sur le
« terrain qu'à la salle. » (page 138).

* * *

« Sur le terrain, rien n'empêche un champion
« souple de faire emploi de son agilité, et de
« fatiguer ainsi un adversaire souvent très su-
« périeur à lui. » (page 139).

* * *

« Un assaut de fleuret dure en moyenne dix
« minutes ; un duel peut durer plus d'une
« heure. » (ibid.).

* * *

L'auteur redoute la « fente à fond » en raison
du terrain. Il conseille les demi-fentes. (141).

De l'emploi de la main gauche sur le terrain :
(L'auteur entend par là la main non armée).

« Suivant moi, dit-il, il est formellement inter-
« dit, à moins de *conventions réciproques*, préa-
« lablement établies, de détourner le fer avec
« la main gauche. » (page 247).

*L'auteur le tolère donc en cas de conven-
tion réciproque.*

Le lecteur connaît les raisons pour lesquelles,
sous aucun prétexte, je ne tolèrerais cette convention.

* * *

« A ce propos, le professeur Vigeant déclare
« qu'il est d'avis de faire attacher la main gau-
« che du combattant qui s'en est servi sans
« autorisation spéciale. » (page 256).

Après s'en être servi peut être trop tard. A

la première *velléité de s'en servir* me paraît
plus prudent.

« Le professeur Jacob estime qu'on peut ex-
« cuser ce geste chez un novice, mais jamais
« chez un escrimeur. » (page 258).

*
* *

L'auteur estime que le « changement de main »
entre les reprises même, ne peut être admis que
si la déclaration en a été faite au préalable
et inscrite au procès-verbal. (page 261).

*
* *

L'auteur estime que l'on ne doit pas attendre plus d'une demi-heure sur le terrain, l'adversaire retardataire. (page 273).

*
* *

L'auteur estime que l'on doit se battre avec
quiconque est représenté par des hommes connus, dont la réputation ne laisse rien à désirer.
sans enquête superflue, ceux-ci le couvrant de
leur honorabilité. (page 276).

*
* *

L'auteur n'admet pas comme arme de duel
le fleuret démoucheté. (page 281).

*
* *

L'auteur estime qu'on peut refuser le cartel
d'un homme qui, pour cette même affaire, vous
a intenté une action judiciaire. (page 288).

* *
   *

Le Sabre :

Après examen de différents codes, contradictoires à ce propos, l'auteur écrit :

« Nous pensons que le sabre peut toujours
« être refusé par un civil (page 302) ceci jus-
« qu'à décision d'un jury de compétences. »

* *
   *

L'auteur estime « qu'un maître d'armes gra-
« vement offensé avec coups et blessures, a le
« droit de se battre à l'épée avec un agresseur
« étranger à sa profession. » (page 312).

* *
   *

« Hormis ces cas d'offense particulièrement
« grave, je ne pense pas qu'un maître d'armes
« ait la faculté de se battre avec son arme pro-
« fessionnelle. Il y a là un sacrifice pénible,
« mais nécessaire, imposé aux maîtres d'escrime
« par la dignité de leur profession. »

* *
   *

L'auteur fait exception en cas de conflit entre un maître d'armes et un amateur réputé
d'une force égale aux professionnels. (page 313).

* *
   *

Dans ce cas, l'auteur conseille au professeur
de se faire délivrer par un jury de maîtres et
d'amateurs une espèce de certificat établissant

qu'il peut, — sans être soupçonné d'abuser de sa force — se battre à l'épée.

**

Je partage d'autant mieux l'opinion de l'auteur que lors d'une aventure fort désagréable, un duelliste notoire me forçant de croiser le fer avec lui, j'eus recours immédiatement à un arbitrage de compétences.

Le duel eut lieu sur l'heure. J'eus la bonne fortune de blesser mon adversaire d'une façon insignifiante. Cette satisfaction accordée, nous sommes devenus les meilleurs amis du monde. De mes duels, ce fut celui qui m'inquiéta le plus, précisément en raison des scrupules signalés par M. Tavernier.

**

L'ouvrage de M. Tavernier justifie l'opinion flatteuse de son préfacier, Aurélien Scholl :
« *Ce livre est la sauvegarde de tous.* »

Du Verger de St.-Thomas (le comte).

Nouveau code du duel (1887).

L'auteur de cet ouvrage très important, ne comprenant pas moins de 480 pages, tout en s'inspirant des principes établi par M. de Chatauvillard, divise son travail en trois parties :

1° Précis historique et législation ; 2° Code du Duel ; 3° Pièces justificatives.

Sous peine de nous répéter, nous devrons nous borner à ne citer que ce qui nous paraît particulier à cet auteur, et l'objet de son attention. (*Applicable à notre époque*).

***

« Richelieu fit rejeter la proposition de per-
« mettre le duel en certains cas, mais il fit
« prévaloir un système de sévérité modérée et
« proportionnée à la gravité des circonstances. »
(page 25).

***

« Les maréchaux pouvaient employer les voies
« coercitives pour citer les gentilshommes à leur
« barre. » (page 34).

***

« Le combat judiciaire subsiste en Angleterre
« jusqu'au XIXᵉ siècle. »

***

L'auteur cite une longue page de Jules Janin, dont nous retiendrons les phrases suivantes :

« Celui-là est perdu dans le monde des lâ-
« ches, qui n'a pas le cœur de se battre, car
« alors, les lâches qui sont sans nombre, font
« du courage sans danger à ses dépens.

. . . .

« La médisance assassine mieux qu'une épée
« nue, la calomnie vous brise bien plus à coup sûr
« que la balle d'un pistolet. Je ne voudrais pas
« vivre vingt-quatre heures dans la Société telle
« qu'elle est établie et gouvernée, sans le duel.

. . . .

« *Le duel prend la justice à l'instant* où la
« loi l'abandonne, seul, il punit ce que les lois
« ne peuvent pas punir : le mépris et l'insulte.

« Ceux qui ont parlé contre le duel étaient
« des poltrons ou des imbéciles ; celui qui a
« parlé pour et contre, était un sophiste et un
« menteur des deux parts. Nous ne sommes en-
« core des peuples civilisés aujourd'hui, que
« parce que nous avons conservé le duel. » (page
147).

***

L'auteur cite Walsh :

« Le duel, déplorable sous tant de points de
« vue, a été au moins utile à notre époque, en
« ce qu'il a seul préservé notre civilisation de
« ce débordement de grossièreté, sous lequel la
« révolution et la confusion des rangs mena-
« çaient de l'engloutir. » (page 148).

***

« L'importance des offenses est assez difficile
« à établir. L'offense est telle qu'on la sent,
« et on la sent de mille manières différentes ;

« cela dépend de l'éducation et encore du mi-
« lieu social dans lequel on vit. » (page 171).

* * *

Débiteurs et créanciers :

« Nul appel ne peut être adressé par un dé-
« biteur à son créancier, avant que la dette soit
« soldée, il n'en est pas de même lorsque le
« créancier adresse un appel à son débiteur. »
(page 196).

Nous n'hésiterons pas à critiquer cette distinction, car, ainsi que je l'ai entendu proférer
sans courtoisie par un créancier impatient, certains chercheront et trouveront l'occasion de
se « *payer sur la bête* ».

Il est toujours très facile, de la part d'un
créancier, de provoquer une réponse brutale
en réclamant publiquement même et surtout
par des sous-entendus, une somme prêtée.

* * *

« Les témoins doivent arrêter le combat à
« leurs risques et périls. » (page 220).

Prévost (C.) et Jollivet. (G.).

L'escrime et le duel (1891).

A la suite de la Technique d'Escrime, les
auteurs donnent « *Quelques conseils en vue du
duel* ».

*_**

« En plein air, le sol n'est pas le même, on
« est moins à l'aise. — principalement pour at-
« taquer — et la notion de la distance change
« complètement, surtout pour celui qui a l'ha-
« bitude de faire des armes dans une petite
« salle. » (page 168).

*_**

« A forces égales, la victoire restera à celui
« qui aura le plus de sang-froid et de prudence,
« car la vitesse naturelle et le « tempérament »
« perdent de leurs avantages. » (page 168).

*_**

« L'homme qui n'a jamais fait d'armes et qui
« est à la veille d'avoir un duel, doit avoir re-
« cours aux conseils pratiques d'un professeur. »
(page 168).

*_**

« Ce dernier lui apprendra à tirer à la main
« ou au bras, etc... selon ce que permettra de
« faire la position qu'aura prise l'élève. » (page
170).

*_**

Les auteurs conseillent de n'employer les attaques ou ripostes composées qu'avec beaucoup
de circonspection. (page 172).

*_**

Ils entrent de nouveau dans la technique qui
n'est pas l'objet de ce livre.

*_**

Ils signalent que depuis nombre d'années l'emploi de la main gauche pour parer est proscrit (page 172).

*_**

Suivent des règles de combat qui ne s'écartent pas de ce que nous savons.

A leur propos, ils déclarent :

« Ces règles et ces usages peuvent-ils constituer un Code, dans le sens exact et un peu « solennel du mot ? Nous ne le croyons pas. « D'abord, il ne nous semble guère séant d'employer un terme juridique pour désigner les « coutumes régissant un acte qui est précisé- « ment justiciable des tribunaux.

« Ensuite, ces coutumes n'ont rien d'immuable... » (page 190).

VIDAL DE ST.-URBAIN.

Le duel sous l'ancien régime et de nos jours (1892).

A l'audience solennelle de rentrée du 17 octobre 1892, M. Vidal de Saint-Urbain, avocat général, prononça un discours qu'il publia en raison de son objet : Le Duel.

C'était au lendemain de la rencontre tragique Mayer-de Morès.

Nous nous arrêterons seulement aux phrases

caractérisant l'opinion du magistrat qui, en soixante-dix pages, refait brillamment l'historique du duel, dont le lecteur est maintenant instruit par de précédentes citations. (Voir au chapitre Le Duel, les nombreux emprunts faits à M. Letainturier-Fradin).

****

A propos du duel Mayer-de Morès :

« Mais le vieux préjugé était là ! Le *point*
« *d'honneur* était en jeu, les épées ne pouvaient
« rester au fourreau. Elles sont sorties, loyales,
« mais inexorables. » (page 7).

****

« Il faut chercher la première notion du duel
« dans le vieux *droit du poing*. Un conflit, une
« contestation quelconque s'élève entre deux par-
« ticuliers, c'est le *poing*, c'est-à-dire la force
« brutale qui décidera. On en viendra aux mains
« et celui-là aura raison dont le *poing* aura
« triomphé.

« Cette pratique est d'origine germanique. »
(page 11).

****

Saint Louis élargissant la Trève de Dieu :

« Un intervalle de quarante jours devait s'é-
« couler à compter de l'injure jusqu'au moment
« ou l'offensé pouvait recourir aux voies de fait. »
(d'après Dalloz (page 19).

***

« Montaigne disait : Mettez trois français aux
« déserts de Lybie, ils ne seront pas un mois
« ensemble sans se harceler et s'esgratigner. »
(page 25).

***

« Que le duel en lui-même ne soit pas un acte
« immoral et injuste, c'est ce que personne, à
« l'heure actuelle, n'entreprendrait de soutenir.
« Nous allons voir que toutes les nations le sou-
« mettent à un châtiment. » (page 53).

***

L'auteur estime que les poursuites en correctionnelle et de fortes amendes seraient un obstacle à la pratique du duel. (page 59).

***

« Quant aux témoins, nous croyons qu'on de-
« vrait leur faire, en thèse générale, une situa-
« tion analogue à celle des auteurs principaux. »
(page 61).

***

Si les témoins d'un duel étaient, quelle que
soit l'issue de ce duel, frappés d'un emprison-
nement de deux ans, leur carrière serait brisée.

Or, se battre sans témoins exposant, en cas
de mort de l'un des adversaires, le survivant
à être accusé d'assassinat, le duel deviendrait
presque impossible.

Pauvres témoins réclamiers, quelle catastrophe pour eux, si semblable loi était votée.

On ne supprimera jamais le duel qu'en supprimant d'abord les témoins.

La chose n'est pas à souhaiter. Je sais bon nombre de duels anodins, ridicules même, qui ont fait avorter des *violences* qui eussent mené leurs auteurs en correctionnelle ou aux assises. C'est là peut-être un des arguments les plus sérieux en faveur du Duel.

L'animal humain est violent et vindicatif. Dans leur extrême sagesse, les magistrats et les philosophes font couramment cet oubli. Oubli, — ceci n'est pas un paradoxe — est à l'éloge de leur caractère.

⁎

L'auteur termine son précieux travail par l'examen rapide des peines infligées aux duellistes dans les pays étrangers.

N'excitons pas nos législateurs. S'ils le désirent, ils trouveront cette matière (pages 64, à 71 de l'ouvrage de M. Vidal de Saint-Urbain).

D'ailleurs, si la loi de ces pays est sévère pour les duellistes, les magistrats pitoyables l'appliquent avec le maximum d'indulgence.

Exactement comme en France Henry IV accorda plusieurs milliers de lettres de grâce, aux duellistes condamnés au bannissement et à ceux que la crainte du châtiment portait à s'expatrier.

Grâce à cette bienveillance, des milliers de français restèrent en France. La révocation de l'Edit de Nantes fit tout le contraire. N'épiloguons pas.

* * *

Dans sa péroraison, l'orateur s'est élevé contre la peine de mort applicable en matière de duel, il souhaite « une loi préservatrice, mais « tempérée, une loi moderne. » (page 72).

LETAINTURIER-FRADIN (G.).

L'honneur et le duel (1897).

Le plus fécond des auteurs sur les questions d'Honneur, de Duel et d'Escrime, examine dans cette forte plaquette les rapports du duel avec l'honneur. Il est bien de rappeler que M. Letainturier-Fradin est l'un des rédacteurs du bref Code d'honneur du « Contre de Quarte », que nous citons plus loin.

L'auteur est, « en principe », adversaire du duel :

« Plus que jamais, le duel est à la mode. De « cela, les moralistes peuvent s'attrister...

« Certes, vouloir la disparition prochaine du « duel, c'est escompter la plus grande des uto- « pies. Cette réforme ne peut avoir actuellement « chance de réussir. » (Avant-propos).

*_**

Et avant tout, faisons une guerre impitoyable à des croyances vagues, à des légendes absurdes qui, si nous n'y prenons garde, rendront le duel ridicule. (page 10).

*_**

Il nous semble que c'est aux hommes d'épée à prendre l'initiative dans une telle matière. (page 10).

« A l'origine du duel en France, c'est-à-dire « au Moyen Age, le point d'honneur proprement « dit n'existait pas. On s'en remettait au juge- « ment de Dieu, attribuant ainsi au duel une « sanction divine, à laquelle *l'Eglise elle-même* « *ne se faisait pas faute de recourir.* » (page 13).

C'est nous qui soulignons.

*_**

« Aurélien Scholl n'a-t-il pas écrit que la ré- « paration par les armes rend plus de services « à l'ordre social qu'un commissaire de police « et qu'un tribunal ? Le rapprochement est pi- « quant, il n'est pas sans vérité. » .(page 16).

*_**

« Avec le XVIᵉ siècle, le duel se transforma, « de même que se transformaient les mœurs. « Le duel prend cette forme badine, légère qu'il « gardera jusqu'à la Révolution. » (page 19).

Et l'auteur signale de multiples cas et la légèreté avec laquelle les duellistes exposent leur
existence.

***

Le duel actuel se présente avec un autre caractère.

. . . .

l'Eglise n'y voit plus la solution divine. (page
22).

C'est nous qui soulignons.

L'auteur cite une opinion émise par M. Jollivet :

« Le plus grand nombre de rencontres ayant
« pour origine un manquement à la politesse,
« vous ne vous doutez pas du nombre de duels
« qui ont pour éditeurs responsables les pères
« de famille coupables de n'avoir pas enseigné
« à leurs fils, les éléments de la civilité pué-
« rile et honnête. » (page 26).

***

L'auteur cite cette déclaration de M. Armand
Desprès, député :

« Ce sont les mœurs qui tranchent ces ques-
« tions, ce ne sont pas les lois. »

Voilà, certes, un député psychologue.

***

L'auteur émet la proposition suivante qui, à
mon sens supprimerait les duels puérils, or-

ganisés en vue d'une publicité éventuellement profitable :

« *La publication des comptes rendus et procès-*
« *verbaux de duel est interdite, sauf le cas où*
« *le duel a occasionné la mort d'un des adver-*
« *saires.*

« *Toute infraction à cette disposition sera pu-*
« *nie d'une amende de cent à deux mille francs.* »
(page 35).

A propos de duels sans motif sérieux, l'auteur résume sa pensée en citant Molière :

***

« Quand j'aurai fait le brave et qu'un fer pour ma peine
« M'aura d'un vilain coup transpercé la bedaine,
« Que par la ville ira le bruit de mon trépas,
« Dites-moi, mon honneur, en serez-vous plus gras? »

« Pour beaucoup de gens, le mot code s'ap-
« pliquant au duel paraît bien gros de préten-
« tions. Un code ? Pour aligner deux adversai-
« res, pour leur mettre l'épée en main et leur
« dire : « Allez, messieurs. » (page 84).

C'est assez l'opinion de l'auteur du présent livre. De là son titre plus modeste.

***

L'auteur conclut en exposant « ce qu'il ne croit pas être un paradoxe » que les escrimeurs sont les hommes qui se battent le moins, c'est-à-dire que *l'Art des Armes* ne conduit pas au duel.

Oui, mais surtout parce que les escrimeurs craignent beaucoup pour leur réputation. *La pointe est un juge impartial.* Le duel et le tournoi sont, en ce sens, absolument différents.

Contre de quarte (Code du duel du).

plaquette (1897).

Les rédacteurs de cette plaquette de *vingt-deux pages* s'en tiennent purement au protocole et à la technique appropriés au Duel, laissant par conséquent aux témoins le soin d'apprécier le caractère et la gravité des injures. Les rédacteurs des quatre cents lignes de ce code semblent tout attendre des sentiments d'honneur et d'équité des témoins. A leurs yeux, ils doivent être des guides suffisants à régler tous les conflits.

C'est d'ailleurs la même règle qui paraît avoir présidé à la composition du code de Chatauvillard, que les rédacteurs ont pris pour modèle en « *s'efforçant de concilier les prescriptions de* « *cet ouvrage si autorisé avec les exigences des* « *mœurs et coutumes de notre époque* », décla-rent-ils page I, de l'avant-propos.

*
* *

Page 14 de ce code, on peut lire :

« L'épée italienne comportant l'emploi d'une
« lanière liant la fusée au poignet, l'épée fran-
« çaise pourra, dans ce seul cas, être tolérée
« avec une martingale qui ne devra pas pendre. »

C'est là une tolérance qui peut être préjudiciable au duelliste employant l'épée française,
pour laquelle la martingale n'est d'aucun secours, sauf en cas de désarmement, où elle
évite la chute de l'épée sur le sol et permet de
la remettre en main assez vite.

Au contraire, la lanière fixant l'épée italienne
au poignet, épée déjà plus solidement en main
du fait de l'action du *médius* sur la *barrette,*
la lanière, dis-je donne une supériorité incon-
testable, l'arme étant inébranlable dans la main.
Etant donné que l'on peut tirer avec l'arme
italienne sans la lier au poignet, (je ne tire
qu'avec cette arme, et sans la lier, ce qui laisse
toute liberté au doigté), son emploi sur le terrain ne doit comporter aucune faveur spéciale.
Quelle que soit l'arme, les doigts doivent suffire
à la tenir, sauf le cas où l'un des combattants
aurait des doigts atrophiés ou mutilés, (cas nombreux depuis la guerre). La martingale est surtout un dispositif indispensable dans les as-
sauts publics, afin d'empêcher les fleurets d'aller voltiger sur la tête des assistants. En duel,

un homme désarmé doit être respecté par son adversaire, ce dernier doit suspendre toute action, dès qu'il s'en aperçoit, sous peine de félonie.

Bibesco (prince) et Ferry d'Esclands (duc).

Conseils pour les duels (1900).

Près de cent-cinquante notabilités de la Noblesse, des Arts, de la Littérature, de la Presse et de l'Escrime ont donné leur adhésion à ce recueil de *conseils pour les duels*, puisque tel est le titre modeste de ce remarquable ouvrage. En outre, les quatre-vingts pages de notes qui le terminent, constituent des arguments, des opinions en faveur de la thèse des auteurs et présentent un court précis d'escrime.

Le titre mûrement réfléchi de cette œuvre établit nettement que ses auteurs ne prétendent avoir formulé ni des « lois », ni un « code ». Ils laissent au lecteur (témoin éventuel) son libre arbitre. La technique du combat est parfaite.

Afin de faire avorter les affaires non sérieuses et les duels-réclame, les auteurs déclarent :

« Aucun duel ne prendra fin sans effusion « de sang. » (page 16).

*_*_*

Plus loin :

« Aucun procès-verbal ne sera publié si l'of-
« fense n'a pas été publique » (page 17).

*_*_*

Citant M. Granier de Cassagnac (page 20) :

« Dans les pays où la loi protège l'honneur
« de l'homme et de la femme, on n'a pas re-
« cours au duel, ou l'on n'y a recours que dans
« des cas exceptionnels. Mais en France, où
« il est loisible, pour moins de cent sous, en
« simple police, de manquer de respect à une
« femme ou d'insulter quelqu'un, eh bien! on
« en est réduit à se protéger soi-même. »

*_*_*

Citant Montesquieu (page 44) :

« Si l'on suit les lois de l'honneur, on périt
« sur un échafaud ; si l'on suit celles de la
« justice, on est banni de la société des hom-
« mes ».

(A propos des Edits royaux).

*_*_*

A propos du code de Chatauvillard (page 49):

« Son autorité sans égale, l'œuvre de Cha-
« tauvillard la doit, malgré son âge, à sa va-
« leur incontestée, au passé de son auteur, et
« — surtout — aux adhérents illustres qui l'ont
« consacrée en la signant. »

*_**

Armes adoptées pour le duel (page 77) :

« Trois armes :

« L'épée (ou le fleuret).

« Le sabre.

« Le pistolet. »

*_**

« Dans le cas de l'offense simple, l'offensé
« choisit l'épée ou le pistolet ; si l'agresseur est
« officier en activité de service, il peut choisir
« le sabre. » (page 77).

« Dans le cas de l'offense grave, l'offensé choi-
« sit l'épée, *le fleuret* ou le pistolet. Il peut im-
« poser le sabre à son adversaire officier, qu'il
« soit ou non en activité de service. » (page 78).

On remarquera que les auteurs n'admettent
le fleuret qu'en cas d'*offense grave*.

*_**

Les adversaires seront libres de passer leur
épée de la main droite dans la main gauche,
mais seulement pendant la durée des repos.
(page 88).

*_**

Les auteurs admettent que l'on écarte le fer
de l'adversaire avec la main non armée.

Bien entendu, ils ajoutent :

« Mais, saisir l'épée de l'adversaire serait une
« déloyauté, le frapper en même temps, serait
« un crime. » (page 103).

Incapables d'une félonie et, de plus, escrimeurs de grand style, les auteurs mesurent tous les duellistes à leur aune. Malgré l'avis autorisé de Georges Robert, auteur de « *La Science des Armes* », qu'ils citent pages 183 à 185, nous sommes avec ceux qui s'opposent *formellement* à l'emploi de la main non armée. Nous réservons à cette particularité un court chapitre dans ce livre (page 72).

****

, Duel au fleuret.

« Article 33 :

« Les règles indiquées pour l'épée s'appliquent « également au fleuret. » (page 106).

Nous sommes en 1900. La néfaste école ou soi-disant école d'Epée n'a pas encore imposé sa technique puérile. Les auteurs respectueux de plusieurs siècles de tradition admettent le « fleuret » comme arme de duel.

Nous partageons cette opinion. Qui triomphera :

L'Ecole Française, faite de plus de quatre siècles d'études fournies par tous nos grands maîtres où l'Escrime aux « *avancés* » fortune de quelques mercantis de notre Art ?

On ne saurait en tout cas imposer et encore moins subir leurs règles.

Pour le duel au pistolet, dans le cas de duel

au visé, les auteurs n'accordent que dix secondes (page 108).

PIERRE D'HUGUES.

(plaquette 1905).

Cet auteur estime que les témoins doivent être mis hors de cause ; il écrit (page 20) :

« Nous avons vu qu'une modification fort rai-« sonnable vient d'être introduite, en ce qui con-« cerne les témoins. » (Affaire Ebelot, où les témoins furent mis hors de cause).

Je ne partage pas du tout l'opinion de M. d'Hugues. Le rôle de témoin doit comporter ses risques, même graves; les atténuer est une faute, car la majorité des témoins font trop bon marché des dangers et des risques que courent leurs clients. M. d'Hugues, dont nous connaissons le caractère, mesure les « *témoins* » à son aune. C'est un honneur que beaucoup ne méritent pas.

***

A propos de l'arbitrage :

L'arbitrage est, en effet, une excellente précaution. Bien que les témoins soient déjà en quelque sorte des arbitres, puisqu'ils sont juges de la querelle et de la suite qu'elle comporte. Leur amitié respective pour les parties en cause, etc... les rendent assez rapidement

partiaux. Il est bon de les départager, un arbitre est pris. (page 60).

Un, écrit d'Hugues, et non deux, ainsi que le
préconisent certains auteurs.

Mais, continue-t-il, page 61, cet arbitrage n'est
pas obligatoire. Nul n'est tenu à accepter de
porter sa cause devant l'arbitre. Ce sont les
deux adversaires o·. leurs témoins qui s'entendent dans ce but.

***

L'arbitrage actuel tire sa force de la bonne
volonté des parties, etc... (page 62).

***

En attendant, il convient de limiter le duel
à des causes graves. (page 66).

ROUZIER-DORCIÈRES (Eugène).

Sur le pré (1908).
(Souvenirs de duels).

De ce recueil de souvenirs, je ne retiendrai
que quelques rares boutades qui prennent une
valeur sous la plume d'un homme qui, déjà à
cette époque (1908) déclarait avoir dirigé cent-
quatre-vingt-douze duels.

Et puis, un livre sur le « point d'honneur »,
ses juristes et ses historiens, serait incomplet
si un court chapitre n'était réservé à ce jour-

naliste provençal qui vint à Paris, semble-t-il, pour rendre service ou faire quelques gentillesses à des centaines et des centaines de boulevardiers. Certes, Rouzier avait ses défauts — et quels défauts — mais, nul homme n'apporta plus que lui, une spontanéité déconcertante à obliger le premier venu. La guerre vint, il s'engagea, car il était libéré d'obligations militaires. L'aviation le tenta. Les hautes altitudes furent néfastes à des artères qu'il avait peut-être un peu trop surmenées. Un jour, en plein azur, l'une d'elles creva.

Et quand l'avion atterrit, l'observateur Rouzier vomissait le sang à pleine bouche.

Robuste encore, il résista quelques mois. Maintenant, il repose dans un coin de sa chère Provence, où il est allé s'endormir, quand il se sentit perdu.

****

D'un conte (page 19) :

« Savez-vous tenir une épée, demandai-je avec « une curiosité bien explicable chez un témoin « *dont le rôle primordial doit être d'assurer le* « *triomphe ou tout au moins la conservation* « *de son « client ».*

Plus loin, pour les naïfs qui croient au triomphe du bon droit dans un duel :

« — Mon cher, lui dis-je, en manière de ren-« contre, le droit ne signifie pas grand'chose.

« J'aimerais mieux que vous ayez bien en main
« un joli coup de septime. Ce serait, croyez-moi,
« autrement décisif... » (page 19).

****

Pour ceux qui se rient du duel au pistolet :
« La distance qui les séparait — vingt pas
« de soixante-quinze centimètres, exactement me-
« surés — me parut *horriblement courte.* » (page
98).

****

Pour ceux qui rêvent du duel à mort. C'est
le vainqueur qui parle, un mois après avoir
logé une balle dans le ventre d'un... ami qui
lui avait pris sa maîtresse :
J'ai vu hier un interne qui soigne ce pauvre
« Bernard (l'adversaire), il ne m'a pas caché
« qu'on redoutait une mort prochaine. C'est hor-
.rible et me voilà un *assassin.* » (page 101).
(Le duel avait eu lieu au « visé »).

****

Boutade... si l'on veut :
« Vous qui me lisez — tous les malheurs arri-
« vent dans la vie — vous pouvez être appelés
« un jour à être témoins dans une affaire d'hon-
« neur. » (page 103).

****

De la valeur des « épithètes » entre polémistes :

« Car enfin, dîmes-nous, notre client a été
« agoni de sottises : sous la plume de l'adversaire
« c'est presque un forban, un bandit ; çà se
« paie, cela ! »

« — Mon cher confrère, me riposta Clemen-
« ceau avec un air railleur, comme vous êtes
« jeune ! Tout çà n'a aucune importance, c'est
« de la politique ! » (sic).

Clemenceau était consulté comme arbitre ».

***

Le revers de cette médaille : le Duel.

Lors du duel Harry Allis-Le Chatelier, Harry
Allis, pour ne pas inquiéter sa femme et ses
deux enfants avait inventé une promenade ma-
tinale du côté du pont Bineau, sous couleur
de rendre une visite à un camarade :

« Le journaliste installa sa famille dans une
« guinguette, lui fit servir des brioches et du
« vin aigrelet et quitta son petit monde pour
« quelques instants. »

Évidemment, pourquoi dramatiser cet incident
journalistique qui se borne invariablement à
une petite piqûre au bras.

« L'engagement fut court. Par un terrible coup
« droit, l'officier creva la poitrine du journaliste
« qui mourut quelques secondes après dans un
« flot de sang, pendant qu'à cinq cents mètres
« de là, ignorant le terrible drame, riaient et

« s'ébattaient, sous une tonnelle, sa malheureuse
« femme et ses deux enfants ! » (page 160).

**

C'est la possibilité d'une conséquence aussi
monstrueuse du duel, qui me fait l'éviter par
tous les moyens honorables.

Et d'ailleurs, l'homme qui narra le lamentable dénouement du duel Le Chatelier-Harry
Allis, le provençal qui dirigea tant de duels était
un faux sceptique ; jamais ses mains n'ont croisé
les pointes de deux épées sans trembler. Bien
plus que légendaire directeur de combat, Rouzier-Dorcières était avant tout un tendre et un
artiste.

Congrès international contre le duel

(Compte rendu du premier).
(Budapest 4-6 juin 1908).

A ce congrès, les délégués de France furent
M. le comte de Lazerme de Lon, M. le comte
de Savignon et M. Maurice Théry, avocat.

Les arguments des congressistes sont identiques à ceux que le lecteur trouvera dans les
citations contenues dans ce chapitre réservé
aux « Opinions »

Dans son discours d'ouverture, le Dr A. Gun-
ther, conseiller du roi, ministre de la Justice,

a signalé précisément l'obstacle insurmonté par les adversaires du duel :

« Le but et le rayon d'action de ce Congrès
« dépassent, constata l'orateur, bien au-delà, les
« limites que semble lui tracer son titre ; il cher-
« che non seulement à supprimer le duel, mais
« *encore* et *avant tout à instituer une protec-*
« *tion plus efficace de l'honneur.* » (Approbations)
(page 5).

Evidemment. Or, pas plus ce congrès que l'effort des penseurs et des légistes n'ont atteint ce but.

Et malgré toutes les belles phrases — que j'admire — on est obligé de constater que l'É-PÉE est encore ce que l'on a trouvé de mieux pour tenir à distance ou châtier les larrons d'honneur. Espérons l'homme de génie qui tarira dans la race humaine la source des calomnies et des lâchetés.

EMILE ANDRÉ.

Trucs du duel (vers 1908).

L'auteur qui connaît son époque et... le boulevard comme personne, débute ainsi dans son avant-propos :

« Ce n'est pas un sentiment exagéré du point
« d'honneur que l'on peut reprocher à notre épo-
« que. Il y a plutôt un courant en faveur du

« panmuflisme et de la résignation aux camou-
« flets de toutes sortes.... »

Quand on sait que M. Emile André a été mis
au courant de toutes les rencontres qui ont eu
lieu ces vingt dernières années, et que, chargé
de la chronique d'Escrime au « *Journal* », il
a, de ce fait, assisté à la presque totalité de
ces rencontres, dont il connaissait les dessous,
ces premières lignes d'avant-propos laissent rê-
veur. Et pour ne pas laisser d'illusions au lecteur, il ajoute plus loin :

« On admire, on envie le succès des hommes
« auxquels cela réussit de recevoir des insultes
« et coups sans sourciller. »

En tout cas, son opinion va rassurer tous
ceux qui pensent que le duel est encore une
calamité à notre époque, elle est à retenir.

***

« *Ceux qui recherchent le duel.* »

Les réclamistes forment la grande majorité
dans cette catégorie. Et la réclame que peut
amener le duel, ils y tiennent, soit par vanité,
soit par intérêt, soit pour les deux raisons à
la fois. (page 63).

Parmi ceux-là doit-on compter, sans doute,
les deux clubmen « très chic » se présentant
à l'adresse indiquée à leur « client », par l'adversaire éventuel ?

Ce dernier est, paraît-il un artiste peu « arrivé » habitant sous les toits d'une maison de piteuse apparence. Déjà mal disposés par l'aspect de l'immeuble, les deux clubmen se regardent d'un air ironique ; Emile André nous rapporte leur bref dialogue :

— Au sixième ! s'écrie l'un d'eux.

— Et au-dessus de l'entresol.

— Si nous arrêtions l'affaire ?

— Evidemment, mon cher, au-dessus du cinquième, il n'y a pas lieu à rencontre.

Bruneau de Laborie.

Les lois du duel (1912).

En 1906, une première édition fut publiée par cet auteur, qui a en outre composé un supplément à son œuvre, publié en 1913 sous le titre de « *Compléments aux Lois du Duel* », dans le journal « *Les Armes* ».

Les « Lois du Duel » ont fait autorité ces dernières années, l'auteur ayant envisagé les cas de conflit les plus fréquents.

Page XII de l'avant-propos, il déclare *après expérience et réflexion* :

« J'ai chassé tout regret d'avoir écrit les « Lois
« du Duel » et j'ai persisté à croire que j'avais
« simplifié la tâche d'un nombre appréciable
« de témoins, d'adversaires ou d'arbitres, en pu-
« bliant ce livre auquel j'ai donné, bon ou mau-

« vais, beaucoup de temps et de consciencieux
« efforts ».

*_**

Page XXI :
« J'ai divisé ce livre en trois parties.
« L'une tend à démontrer la légitimité du
« duel. »

*_**

Pour ceux qui se dérobent derrière leurs convictions religieuses (page 4) :
« Et c'est une foi singulièrement suspecte que
« celle qui s'éveille ainsi devant le danger quand,
« la veille encore, hors de tout péril, elle s'ac-
« commodait sans débat des compromissions de
« la vie mondaine. »
A propos de l'intervention judiciaire. (page 8):
« Il est enfin des plaies qu'il ne sied pas d'ex-
« poser au grand jour, et des cas où l'offenseur
« trouve dans le tribunal un terrible complice,
« par la publicité que les débats donnent à l'of-
« fense, etc... »
Plus loin :
« Nous appartenons à une race chez qui l'Hon-
« neur n'est point tarifé. »

*_**

« Des particularités toutes personnelles, des
« secrets même, sont souvent confiés aux té-
« moins » (page 9).

⁂

Le duel est un acte solennel, intime (page 32).

⁂

Sur le terrain, un témoin professeur d'escrime devra se faire remplacer, sauf dans le cas où il serait témoin d'un autre professeur (page 40).

⁂

Un maître d'armes ne peut imposer ni l'épée ni le sabre à un adversaire étranger à sa profession. Il sera fait exception à cette règle, en ce qui concerne l'épée, si l'offense est très grave et après arbitrage préalable (page 40).

(Voir, pages 65-66 le chapitre que j'ai réservé aux maîtres d'armes).

⁂

Loyauté et simplicité doivent demeurer parmi les lois fondamentales du duel, où n'a que faire l'esprit de chicane (pages 59 et 60).

L'auteur admet l'exception de milieu :

« Le travail de l'esprit, comme aussi l'oisiveté
« et l'abus des plaisirs, peuvent engendrer di-
« rectement ou par transmissions ataviques, cet
« état d'hyperesthésie particulier dont la neu-
« rasthénie n'est autre que l'exagération patho-
« logique. Ceux qu'il affecte, lorsqu'on vient à
« les rapprocher excessivement d'individualités
« plus frustes et moins susceptibles, etc... » (page
64).

Passe encore *pour le travail de l'esprit*, mais bien des gens estimeront qu'une *individualité plus fruste* n'a pas à s'incliner devant une autre individualité surexcitée par *l'oisiveté et l'abus des plaisirs*. C'est encore beaucoup d'honneur que l'on fait à cette dernière, en exposant contre son *inutilité sociale* la vie d'une *unité* productrice d'efforts sains.

J'ai d'ailleurs réservé un chapitre à l'*Exception de milieu*, dont la guerre a démontré la vanité, en faisant surgir du peuple *le plus fruste* quantité d'officiers qui, partis simples soldats, sont revenus la poitrine couverte de croix et de palmes.

* * *

Pour protéger l'honneur d'une femme sans défense, on s'autorise suffisamment de la qualité de galant homme (page 91).

* * *

On a le droit de relever l'offense qui serait faite à la mémoire d'un parent mort.

* * *

Tout militaire est tenu pour majeur, relativement aux lois du duel. (page 97).

* * *

Trois règles générales :

L'action judiciaire est formellement incompatible pour un même fait avec le duel.

Quiconque porte plainte perd tout droit à une réparation d'honneur.

Quiconque obtient une telle réparation s'engage implicitement sur l'honneur à n'en réclamer aucune autre. (page 133).

* * *

Le désaveu est une mesure grave et exceptionnelle qu'un adversaire a la faculté de prendre à l'égard de ses témoins :

1° Lorsque ceux-ci ont sciemment ou inconsciemment trahi sa confiance sur un point intéressant son honneur ;

2° Lorsqu'ils ont commis une faute très lourde et évidente contre ses intérêts primordiaux. (page 135).

* * *

Page 152, l'auteur accorde au duelliste qui emploie l'épée italienne, l'usage de la lanière d'attache.

C'est là une indulgence que j'ai réfutée par ailleurs, indulgence dangereuse pour l'adversaire tirant avec l'épée française. J'en ai développé les raisons.

* * *

Au sabre :

Les coups de pointe sont permis aussi bien que les coups de taille (page 166).

* * *

En cas de blessure :

...Les médecins l'examinent (le blessé) et ont seuls qualité pour déclarer ensuite, avec une autorité absolue, si la blessure répond ou non aux conditions prévues par le procès-verbal en vue de l'arrêt du combat. (page 215).

* * *

Au pistolet :

On n'emploie pas de poudre pyroxylée, parce qu'elle subit l'influence de certaines variations atmosphériques. La force de la poudre J, par exemple, augmente d'un tiers par les temps très secs. Cette poudre, en revanche, fuse souvent par les temps humides. (page 222).

* * *

Le coup qui rate est compté pour tiré.

Il en est de même du coup qui ne partirait pas, faute que le pistolet fût armé. (page 225).

Dans ces deux cas, l'auteur estime que l'adversaire lésé a le droit d'exiger qu'on recommence le combat. Extrêmement juste.

* * *

L'auteur estime que lors des négociations, les témoins devront préciser ce qu'ils entendent par épées réglementaires. (page 238).

Breittmayer (Georges).

Code de l'honneur et du duel (1918).

Cette publication luxueusement rehaussée de nombreuses têtes de chapitres et de culs-de-lampe d'un art ultra-moderne est, en dépit de cette présentation aimable et artistique, le code de duel le plus sévère qu'il m'ait été donné d'étudier.

Son auteur, visiblement impressionné par les horreurs de la guerre et les nombreux deuils qu'elle a provoqués, semble s'être donné la tâche, non pas de supprimer le duel, rêve irréalisable, mais de le raréfier en lui imposant des règles, dont la témérité *respectable* déroute les habituels « organisateurs » de rencontres.

Je discuterai, sans passion, certains articles de ce code, qui me paraissent frapper au-delà du but que se propose son auteur ; j'écris *certains articles*, car, dans l'ensemble, l'ouvrage de M. Breittmayer recueillera les suffrages des hommes équitables et braves. Dans sa préface, il démasque nettement son état d'âme. Après avoir dit tout son respect pour les codes antérieurement publiés, il déclare :

« Mais, après cette guerre où la race fran-
« çaise a perpétué dans l'Histoire son inépui-
« sable vaillance et énergie, le Duel ne peut

« plus exister dans les conditions et sur les
« bases d'autrefois, il serait ridicule. » (page 5).

*
* *

Plus loin :

« Tout homme est en droit de refuser de se
« battre avec quiconque dont la classe a été
« appelée sous les drapeaux, n'a pu satisfaire
« à cet appel pour raison physique ou autres. »
(page 9).

— Diable, monsieur, dira à M. Breittmayer,
un homme réformé parce qu'il eut été incapable
de rendre aucun service à l'Etat, je viens d'être
odieusement lésé et bafoué dans mon honneur.
J'ai des enfants. Je ne veux pas laisser subsister dans leur âme, quand ils auront l'âge
d'homme, que leur père fut un lâche. D'autre
part, pour ne pas rendre officielle l'inconduite
de leur mère et, par respect pour les sentiments
que ces enfants manifestent à cette dernière,
je ne veux pas poursuivre devant les tribunaux, que dois-je faire ?

Le livre de M. Breittmayer nous donne sa
réponse :

Il n'y a pas de règles sans exception.

Tout le premier, il offrira ses services au
malheureux et lui fera rendre raison, car seuls
les lâches tireraient de la *« règle de principe »*
émise par M. Breittmayer, le moyen d'échapper au châtiment mérité.

Cependant, j'estime que cet article si sévère, pourra parfaitement être opposé à un insulteur dont il conviendra non seulement de mépriser les offenses, mais de signaler le nom et les agissements par un procès-verbal à l'attention générale.

Il ferait beau qu'un homme qui, pour des causes quelconques est resté à l'arrière, se permît d'insulter un ancien soldat qui, pendant quatre ans a risqué sa vie pour protéger son inutile carcasse. C'est le moment de citer cette phrase lapidaire (page 5) :

« *Dans mon esprit, ce code doit être aussi* « *celui du bon sens.* »

***

Battez-vous sérieusement ou ne vous battez pas, épigraphe d'un chapitre intitulé : « *Duels avec résultat* » où nous trouvons ces formules nouvelles :

« Le combat rapproché et le corps à corps au-« torisé.

« L'arrêt du combat sur la déclaration du « blessé » (page 13).

Clauses logiques, à mon sens, pour un duel sérieux, que j'écarterais cependant moi-même, par humanité, discutable en cette occurence.

***

Au pistolet :

« Echange minimum de quatre balles (page 14).
(c'est-à-dire deux balles chacun).

Là, rien d'excessif, étant donné que règle générale, la première balle ne porte jamais.

***

L'auteur pense que :

Même s'il a frappé, la qualité d'offensé appartient à celui dont la mère, l'épouse ou la sœur ont été gravement offensées (page 20).

***

« Les adversaires s'engagent sur l'honneur à
« s'incliner devant le procès-verbal signé par
« leurs témoins, et, en aucun cas, à les désa-
« vouer » (page 23).

M. Breittmayer a sans doute pensé que jamais les témoins ne trahissent les intérêts de leur client par incompétence ou... autrement.

***

« La responsabilité de la rencontre incombe
« entièrement aux témoins. Ils seraient coupa-
« bles de conduire sur le terrain des hommes
« pour un motif futile. » (page 25).

***

Page 26, l'auteur corrige ce qui apparaissait excessif (page 23).

« Ils (les témoins) n'acceptent la mission de
« témoins que s'ils sont entièrement d'accord

« avec leur client et si ce dernier prend l'en-
« gagement d'honneur de leur donner pleine et
« entière liberté pour défendre ses intérêts et
« accepter par avance le règlement de l'affaire
« sanctionné par leurs signatures.

« Ils fixent donc, avant toute démarche, les
« conditions de leur acceptation. » (page 26).

Dans le cas où les témoins signent un procès-
verbal de conciliation, pour éviter toute surprise, il est bien plus simple d'en soumettre
la rédaction aux intéressés, avant la signature,
car dans la plupart des cas, même futiles, l'*offensé* ne trouve jamais la réparation suffisante
et l'*offenseur* au contraire, estime qu'elle est
excessive. C'est là une cause perpétuelle de
conflit entre les témoins et leur client, qui ou-
blie par trop les difficultés que comporte leur
mission.

****

En cas de duel :

« Nous estimons que, dans un Duel, il ne
« doit y avoir qu'un seul et unique directeur
« de combat. La direction alternative n'est pas
« logique ; elle gêne les combattants, etc... » (page
30).

L'expérience me fait partager absolument cet
avis.

****

A propos de la carence :

« Tant qu'un procès-verbal de carence régu-
« lièrement signifié, n'a pas été levé, chacun
« est en droit de refuser rétractation ou répara-
« tion à celui contre lequel il a été dressé et
« qui, ne se conformant pas aux Lois de l'Hon-
« neur, s'est laissé carencer. » (page 33).

A propos de l'arbitre unique :

« L'arbitrage sollicité ne donne une solution
« rapide et définitive que s'il s'adresse à un ar-
« bitre unique » (page 36).

Les raisons données par l'auteur sont les mêmes que je fournis moi-même à ce sujet.

***

La sentence de l'arbitre est sans appel. (page
37).

***

Limite d'âge :

« Pour les anciens, à qui l'on voudrait op-
« poser leur âge, répondons que le duel est
« autorisé à tous ceux qui ont encore l'entière
« possession de leur cerveau et de leurs mus-
« cles » (page 38).

Rappelons que les témoins d'un homme âgé
ou même débile, s'appuyant au besoin sur un
certificat médical, peuvent exiger des reprises
courtes (cinquante à soixante secondes). Un duel
n'est pas un assassinat, et, spéculer sur la fa-
tigue d'un vieillard ou d'un homme malade pour

le frapper à la fin d'une reprise longue et lorsqu'il est épuisé, est un pur assassinat.

***

Questions d'argent :

« Si un différend d'honneur s'élève entre per-
« sonnes ayant entre elles des questions d'intérêt
« en litige, elles doivent en attendre le règlement
« avant d'aller plus avant. » (page 40).

Plus loin :

« La dette interdit la rencontre entre le débi-
« teur et le créancier. » (page 40).

Nous partageons cette manière de voir, car
les témoins doivent toujours redouter qu'un conflit d'intérêts soit à l'origine du conflit d'honneur.

***

Superfétation :

« Deux adversaires qui se sont déjà mesu-
« rés sur le terrain peuvent-ils s'y rencontrer
« de nouveau ?

« Oui, à condition expresse que leur différend
« d'honneur n'ait aucun rapport avec leur der-
« nière offense.

« Autrement, ce duel prendrait le caractère
« d'une « revanche » (page 43).

***

Substitution :

M. Breittmayer admet la substitution dans
les cas suivants :

« Si le père offensé, ou offenseur, en raison
« de son âge, ne peut demander ou donner ré-
« paration (page 44).

« Un fils est en droit de demander réparation
« pour offense faite à la mémoire de son père
« ou de sa mère.

« Le mari est responsable des actes de sa
« femme » (page 44).

***

La substitution et les infirmes (page 45).

En raison du grand nombre des mutilés de
la guerre, l'auteur admet la substitution par
le plus proche parent de l'insulté ou à défaut
son *frère d'armes*.

L'auteur n'admet pas l'exigence de la substitution des témoins dans le cas où leur client
serait défaillant.

***

Journaux et directeurs.

Seul le signataire est responsable.

« Si une feuille insultait sans. qu'il soit pos-
« sible d'arriver à trouver l'auteur de l'offense,
« les témoins de l'offensé le signaleraient par un
« procès-verbal. *Cette plainte d'honneur contre*
« *inconnu stigmatiserait dans l'opinion publi-*
« *que, le feuille incriminée* » (page 46).

Cette forme nouvelle de blâme public est parfaite, elle coupera court aux agissements de
certains individus, sortes de spadassins, que l'on

crée « *rédacteur en chef* » ou « *Directeur* » de petits brulôts hebdomadaires, pures officines de chantage où tous les « *échos* » sont anonymes.

***

Groupes et associations.

L'auteur n'admet pas qu'une réparation d'honneur soit exigée par une collectivité se jugeant offensée.

« Il en est de même pour celui qui est offensé « par une collectivité. Il n'a pas à en demander « réparation. Dans les deux cas, l'offense ne « doit être relevée que si elle s'identifie en une « seule personne, et alors une même affaire « n'autorise qu'une seule et unique réparation » (page 47).

***

Le maître d'armes.

« Les maîtres d'armes peuvent se battre en « duel avec tous et à n'importe quelle arme. » (page 49).

Maître d'armes moi-même, j'estime que l'auteur leur fait la partie trop belle. S'il est l'offenseur et dans le cas où l'offensé par excès de courage ou d'amour-propre choisirait l'épée, il appartient aux témoins d'examiner avec la plus grande sévérité si cet « offensé » courageux est en état de faire face à son insulteur.

J'ai développé à un chapitre spécial ces conditions. (Voir ce chapitre).

L'auteur ajoute :

« Les maîtres d'armes peuvent être témoins
« ou Directeurs de Combat, sauf de leurs élè-
« ves, leur autorité, leur connaissance des ar-
« mes, étant un appoint sérieux pour tous sur
« le terrain » (page 49).

***

A propos des reprises :

« La durée maximum des reprises est de cinq
« minutes » (page 60).

***

Changement de main (page 61).

L'auteur admet pour les ambidextres le « changement de main », mais seulement entre les
reprises.

Il ne l'admet pas pendant la durée du combat, au cours d'une reprise.

L'auteur admet le « corps-à-corps ». Il doit
être interrompu par le commandement de
« Halte ! » quand ils (les duellistes) « exercent
« l'un contre l'autre une poussée continue, sans
« pouvoir ni dégager ni utiliser leur arme. »
(page 62).

***

Désarmement.

« Le désarmement répété de l'un des adver-
« saires, pendant le combat, amènerait d'auto-
« rité la fin de la rencontre, avec spécification

« au procès-verbal, l'adversaire ayant ainsi
« prouvé qu'il est incapable de tenir son arme
« et, par conséquent, de se défendre. » (page 64).

***

Arrêt du combat.

« Le combat cessé quand l'un des adversai-
« res se reconnaît dans l'impossibilité de con-
« tinuer par suite de blessure » (page 65).

***

Les Médecins.

« Ils n'ont, en aucun cas, voix délibérative
« sur l'opportunité d'arrêter ou de continuer la
« rencontre.

« Le blessé est seul maître de cette décision. »
(page 66).

***

Réconciliation.

« Le duel qui met fin à une affaire d'hon-
« neur, n'a pas comme conséquence obligatoire
« une réconciliation. »

Plus loin :

« On ne se jette pas dans les bras de celui
« que l'on voulait, cinq minutes avant, mettre
« à terre » (page 67).

***

Le duel au fleuret.

L'auteur admet le fleuret comme arme de duel
en le montant avec une coquille. (page 71).

A la baïonnette.

L'auteur admet également le duel à la baïonnette. Nous renvoyons le lecteur à l'ouvrage de
M. Breittmayer pour tout ce qui touche à ce
genre de rencontre (pages 75 et 76).

Ce duel sera terrible. Pour ma part, je ne
sais si j'assumerais la responsabilité d'une pareille rencontre.

S'il s'en produit, elle fera couler des flots
d'encre. Tout bien considéré, en cas de conflit d'une extrême gravité et dans le cas où les
adversaires seront d'accord ; en dehors d'usages
que la guerre a bouleversés, rien ne s'oppose
à ce que l'arme « essentiellement française » qui
a tant de fois chassé l'ennemi de France ne
soit l'instrument appelé à venger l'honneur du
Français outragé. Cependant, pour les hommes
qui, comme moi, font tout pour éviter à leur
mandant, cette réparation illusoire : le Duel et
qui, de ce fait, en redoutent les hasardeuses et
redoutables conséquences, ces hommes feront
des vœux pour que le duel à la baïonnette
soit exceptionnel.

Au pistolet :
L'auteur a créé le règlement suivant :
« Pistolet de combat se chargeant par la cu-
« lasse. Chaque adversaire a le droit de se ser-
« vir de ses armes, étant donné qu'elles sont

« rayées et du même calibre. Calibre courant 44 »
(page 78).

« Le nombre des balles échangées ne peut
« être inférieur à quatre. » (page 79).

***

Si le coup ne part pas :

« Dans ce cas, le combattant victime de cet
« accident et qui a supporté le feu de son adver-
« saire sans pouvoir y répondre, doit, s'il n'est
« pas blessé, ou si la blessure qu'il a reçue
« lui permet de le faire, recommencer le com-
« bat.

« Son adversaire restera immobile, effacé, le
« pistolet relevé.

« Il est inadmissible qu'un duel puisse prendre
« fin, l'un des combattants ayant été mis dans
« l'impossibilité d'atteindre son adversaire. »
(page 80).

***

A propos de la cadence du commandement :

« Une répétition du commandement est faite
« aux adversaires avant qu'ils tirent. » (page 80).

***

L'auteur admet le duel au révolver, spécialement pour les officiers (page 82).

***

« Le temps maximum pour échanger six bal-
« les est de quinze secondes.

« Le temps minimum est de dix secondes au
« métronome.

« Le temps fixé écoulé, le Directeur de Com-
« bat commande : Cessez le feu (page 83).

Publication de procès-verbaux.

« Si une offense a été publique, les procès-
« verbaux de rétractation ou de réparation peu-
« vent être publiés ou non, au choix de l'offensé.

« Si l'offense est d'ordre privé, les témoins
« d'accord avec leurs clients, peuvent prendre
« l'engagement de s'abstenir de toutes commu-
« nications ou publications concernant l'affaire. »
(page 91).

***

Conclusion :

« Après la guerre, rendre au duel sa gravité,
« c'est le sauvegarder dans le présent et dans
« l'avenir. » (page 93).

Le code de M. Breittmayer apporte de telles
modifications aux usages du duel d'avant-guerre,
ses idées sur certains points sont tellement neu-
ves, que la noble intention qui les a dictées,
commandait l'examen que je me suis imposé.
Il faut vivre avec son temps. L'épigraphe du
titre de son code n'est-elle pas :

APRES GUERRE, AOUT 1914

LE DUEL

(HISTORIQUE)

Le duel est une forme de réparation d'un outrage qui n'est nullement autorisée par les lois françaises.

La bénignité des rencontres modernes leur vaut l'indifférence des tribunaux.

Quand, par un hasard exceptionnel, une rencontre se termine tragiquement, si le combat a été loyal et conforme à la technique duellistique, le jury, rempli de mansuétude, acquitte le meurtrier.

Toutefois, le duel est illégal.

En outre, le duel a dégénéré en pâle comédie des anciennes rencontres : deux raisons qui ont affaibli son crédit auprès des gens sérieux.

Cependant, il est encore en grand honneur dans certaines classes, plus particulièrement chez les hommes du monde, les écrivains et parmi ceux-ci, les journalistes. C'est là une question de goût, je l'ai déjà dit par ailleurs, pour les solutions à la fois élégantes et violentes.

Mais il y a bien des hommes qui ne tendent pas à l'élégance et répugnent à la violence. Ceux-là puisent dans leur valeur ou leur talent des arguments autrement incisifs, autrement victorieux que l'épée ou le pistolet.

Ils n'admettent pas le duel et se refusent à toute rencontre, même s'ils ont insulté un homme.

Légalement, c'est leur droit, et cette attitude n'infirme en rien leur honneur civique. Avec eux, nous devons constater que, la plupart du temps, un homme n'est jamais atteint dans son honneur, seul l'amour-propre est douloureusement froissé.

Dès que l'honneur, au sens élevé du mot, est outragé, les tribunaux peuvent en juger et accorder une réparation publique.

Voilà l'argument décisif de ces hommes.

Si l'on ajoute à cela le ridicule des duels qu'ils constatent à chaque rencontre, il faut admettre qu'ils n'ont pas tout à fait tort.

La majorité de ces hommes ajoute : *Si j'avais à venger ma mère, mon épouse, l'un des miens ou moi-même d'un outrage tellement grave qu'il me parût mériter la mort de son auteur, je brûlerais la cervelle de l'insulteur, les tribunaux apprécieraient.*

A part cet outrage qui ferait d'eux de terribles justiciers, ils opposent le plus souriant mépris aux piqûres d'amour-propre. Ont-ils tort, ont-ils raison ?

Juge et partie, je ne formulerai aucune opinion définitive ; en tout cas, je me garderai bien de penser qu'ils sont lâches. Ce sont des hommes qui ne se haussent pas au-dessus des lois, bien au contraire, ils se mettent sous leur protection, en laissant à leurs adversaires un refuge identique.

Donc, une différence de conception n'autorisant pas le mépris d'un antagoniste, nous devons respecter celle des adversaires du duel.

On peut seulement leur faire observer que le duelliste a une supériorité morale indiscutable sur l'homme qui brûlerait la cervelle de l'auteur d'un sanglant outrage, c'est qu'il laisse à ce misérable, quelque infâme soit-il, le moyen de défendre sa vie à chance égale.

Les adversaires du duel ne pourront refuser à ses partisans que ce geste ne manque pas de noblesse et d'élégance.

C'est là, je crois, une des raisons de l'indulgence et de la tolérance des tribunaux.

L'histoire du duel a été traitée brillamment par bon nombre d'écrivains. Je crois bien faire en empruntant au plus érudit des auteurs modernes, M. Letainturier-Fradin, les citations suivantes :

« Par *DUEL*, on doit entendre le combat con- « senti *spontanément* entre deux hommes qui « règlent, avec des armes égales et au péril de « leur vie, un différend survenu entre eux sur « une question d'honneur, de cœur ou même « simplement d'intérêt, préférant ainsi cette so-

«lution à l'accommodement que, dans la plu-
« part des cas, pourraient leur fournir les lois
« de leur pays. » *(Duel à travers les âges, page I)*.

Cette formule lapidaire résume tout ce que
j'ai développé plus haut.

M. Letainturier Fradin, dans le même ouvrage fait des déclarations que je vais résumer, le cadre de cette étude ne me permettant
pas de citer le texte copieux du consciencieux
écrivain :

« Les Grecs et les Romains n'admettaient pas
« le duel, ils jugeaient indignes d'eux de laver
« un outrage dans le sang de l'insulteur » (page 2).

« Le duel a une origine germanique (ibid). Dès
« 775, rapporte Mabillon, le *duel judiciaire* fut
« instauré officiellement par l'Eglise, il régla
« le différend survenu entre l'évêque de Paris
« et l'abbé de Saint-Denis. »

Hâtons-nous d'apprendre que les bons reli-
gieux ne combattirent pas eux-mêmes ; ils dé-
signèrent deux champions, et l'épreuve adoptée ne fut pas cruelle ; j'estime que les gri-
maces des mandataires durent provoquer une
folle hilarité car :

« Devant une croix, pendant qu'on célébrait
« la messe, pour donner plus de solennité à
« l'acte, ils se placèrent les bras étendus et,
« celui qui se lassa le premier de cette attitude
« pénible et laissa retomber les bras, fit perdre

« son client. Ce fut l'abbé de Saint-Denis qui
« gagna. » (pages 3 et 4 même ouvrage).

« Suivant le texte formel d'un capitulaire du
« temps, l'épreuve consistait généralement en un
« véritable combat. Sous Louis le Débonnaire,
« IXe siècle, on poussa la férocité jusqu'à cou-
« per le poing du vaincu. » (page 4).

Les rencontres à « *la Grande Roue* » ne vont
pas heureusement jusque là.

« En 1098, deux abbayes du diocèse de Tours
« mirent deux champions en présence à propos
« de leur différend. C'est à coups de bâtons
« longs de trois pieds que la chose se régla.
« (ibid).

« Les pratiques superstitieuses et ridicules sub-
« sistèrent jusqu'à la seconde moitié du XIIIe
« siècle. Saint-Louis le proscrivit. L'un des cha-
« pitres de ses célèbres « *Etablissements* », vé-
« ritable Code de France, est tout entier con-
« sacré à l'abolition du duel judiciaire. (page 7).

« Une nouvelle ordonnance de Philippe le Bel
« (1296) prouve qu'à cette époque, il n'était pas
« entièrement disparu. En 1303, nouvelle ordon-
« nance. » (Page 11).

Arrivons au véritable duel.

« Du XIe au XIIIe siècle, époque de la che-
« valerie, le duel pour l'honneur fit partie in-
« tégrante des mœurs. Déjà, dans l'ordonnance
« de 1306, Philippe le Bel faisait une différence

« entre le duel pour l'honneur et les combats
« avec champions gagés, relatifs aux différends
« d'ordre pécuniaire. » (Pages 15 et 16).

Je n'examinerai pas les formalités en usage
à ces époques, elles sont sans intérêt pour ce
qui nous occupe.

« En 1545, sous François Ier, se réunit le con-
« cile de Trente qui, dans une de ses dispositions,
« interdisait formellement le duel au nom de
« la religion catholique. (Page 28).

« François Ier, bien qu'ennemi du duel, pro-
« testa contre cette décision ; en l'acceptant, il
« eût paru s'incliner devant la supériorité du
« spirituel sur le temporel. (Page 29).

« Henri II autorisa le dernier Duel judiciaire.
« Ce fut la solennelle rencontre Jarnac-La Cha-
« taigneraie. » (ibid).

Au sujet de ce duel, il est bon de revenir
sur une erreur qui s'est généralisée. Le coup
de Jarnac ne fut pas déloyal, mais imprévu.
Par « coup de Jarnac » on doit donc imaginer
un coup heureux, inattendu et seul propre à
donner la victoire au combattant qui semble
absolument perdu. (Au chapitre Brantôme, je
reviens sur ce duel célèbre).

Un arrêt contre le duel avait été rendu par
le parlement dès 1599. Un édit royal en 1602.
Ces deux pièces émanant du Parlement ou de
l'autorité royale sont, d'après Sébastien Mabre

Cramoisy, les deux premières de cet ordre. (Edition de 1629, pages 1 et 4).

Le chapitre « Edits Royaux et Règlements des Maréchaux » où je traite des dispositions et pénalités relatives aux affaires d'honneur intéressera je pense, également, les adversaires du duel et ses partisans sérieux.

Revenons au duel proprement dit.

« En moins de dix ans, d'après L'Estoile, chro-
« niqueur contemporain de Charles IX, le duel
« avait fait périr sept à huit mille gentilshoh-
« mes. » (*Duel à travers les âges*, page 33).

Depuis une dizaine d'années, par contre, je ne crois pas que les duels tragiques en France dépassent le nombre de deux ou trois. On s'explique donc la tolérance de nos tribunaux et la rigueur de ceux des XVIᵉ, XVIIᵉ et XVIIIᵉ siècles.

« Louis XIV mort, la fureur du duel reprit
« de plus belle ; à cet égard, la période de la
« Régence ressemble singulièrement aux temps
« les plus belliqueux du règne de Henri III
« ou de Louis XIII. (Page 59). En vain le Par-
« lement continuait-il d'enregistrer les édits ri-
« goureux que nous avons énumérés ; rien n'y
« faisait, et l'on finit par renoncer à promul-
« guer ces solennelles ordonnances, dont l'effet
« était si peu redouté. (Page 61).

« Le 13 novembre 1790, le corps municipal,

« alarmé de la fréquence des rencontres, émet
« le vœu qu'une loi rappelle puissamment les
« citoyens aux règles de la morale, etc... »
(Page 65).

Par la suite, le sang de la noblesse et celui
de tous ceux qui s'y intéressaient devint beaucoup moins précieux, car la guillotine fit plus
de victimes que les meilleures rapières qui elles, du moins, épargnaient les femmes et les
enfants.

Le maître d'armes Rousseau Augustin paya
de sa tête, le crime d'avoir été le professeur
des enfants de Louis XVI. (*Archives des Maîtres d'armes de Paris*, Henri Daressy, page 194).

Cette attention flatteuse de Fouquier-Tinville
pour mon malheureux confrère, remonte au 25
messidor, an II (13 juillet 1794).

Vinrent les guerres de la République puis
celles de l'Empire. Napoléon était adversaire
du duel et avait un profond mépris pour le
courage du duelliste. C'est dire que les rencontres particulières furent relativement rares.
Le Maître Vigeant dans *« Un Maître d'Armes
sous la Restauration »* nous cite cependant le
duel du célèbre maître Jean-Louis qui, en quarante minutes, tua trois adversaires et en mit
dix hors de combat, après avoir distribué vingt-
sept coups d'épée. Cette rencontre légendaire
eut lieu en Espagne en 1804. Les adversaires

du maître français étaient des maîtres italiens. (Voir l'ouvrage, pages 58 à 61).

Tout le monde sait qu'à l'époque de la Restauration, les officiers en demi-solde se firent remarquer par leurs duels extrêmement nombreux. L'habitude des combats rendait ces hommes très violents, et le sabre ou l'épée leur apparaissaient comme l'argument le plus décisif. Influence de longues guerres, rivalités ou passions politiques. C'est ce qui me conduit à redouter une série de cartels, à la suite des années de guerre qui viennent de désoler l'Europe toute entière.

L'analogie est frappante, elle se manifeste d'ailleurs par les bruits qui courent, les interviews des journaux aux notabilités de l'escrime.

Les nerfs sont surexcités. On a l'impression que le geste suivra de très près la parole. Or, le *geste*, c'est le conflit et peut-être le *duel*.

Depuis, le Duel a perdu beaucoup de ses fervents ; ce pis-aller honorable, sans plus, complètement ridiculisé par ses adeptes eux-mêmes, doit donc disparaître ou se défendre par l'énergie et la dignité de ses rencontres.

Il est à souhaiter qu'elles soient rares et qu'aucune publicité ne leur soit accordée. C'est là un droit exigible.

On a tort, cependant, de faire grief à la Presse de relater ces manifestations.

Plus que jamais, un journal est une feuille d'informations ; pourquoi lui refuserait-on le droit de publier, à côté du haut fait d'un malfaiteur, le récit d'une rencontre ? Mais la Presse devrait se refuser à toute insertion des procès-verbaux préliminaires. C'est là une trop grande indulgence, pour une sorte de cabotinage de l'honneur. Mais en signalant le ridicule des résultats, elle aide puissamment les citoyens sérieux à s'écarter de cette forme de réparation qui répare si peu. Peut-être ce sentiment du ridicule éloignera-t-il combattants et témoins de propager leurs sottes histoires.

La conclusion de ce chapitre est celle-ci :

Plus de duel sans cette condition formelle :

La rencontre ne prendra fin que lorsque l'un des adversaires, mis en état d'infériorité physique ou désireux de rendre son épée, fléchira sur un genou, comme les boxeurs, lorsqu'ils « abandonnent ».

Mais, de grâce, assez de ces duels où l'homme dont on a traîné le nom dans la boue, se trouve satisfait et vengé parce qu'il a piqué son larron d'honneur, au premier ou au deuxième radial externe..., vengeance classique de nos jours. Les familles ont assez pleuré depuis cinq ans, certaines pleureront toujours ; ne troublons plus leur quiétude par ces simulacres de courage où le snobisme et la vanité le disputent au grotesque.

TABLE DES MATIÈRES